非關毀滅

阿[illegible]烈·諾貝爾

Al[illegible] Bernhard Nobel

發明炸藥的和平主義者

艾仲廷——著

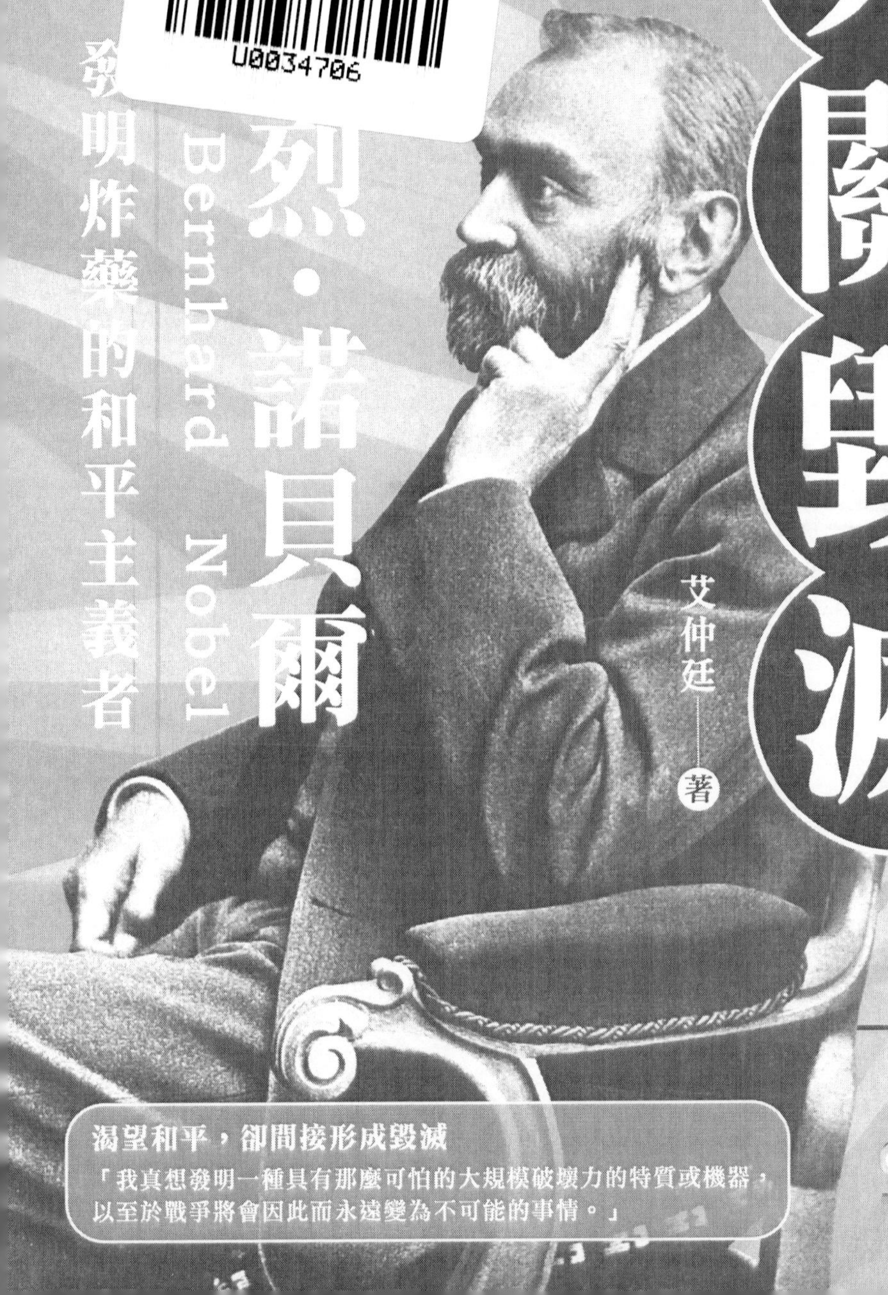

渴望和平，卻間接形成毀滅

「我真想發明一種具有那麼可怕的大規模破壞力的特質或機器，以至於戰爭將會因此而永遠變為不可能的事情。」

崧燁文

目錄

目錄

目錄

序

阿佛烈·諾貝爾（西元一八三三到一八九六年），世界偉大的科學家，一生致力於炸藥的研究和發明，在硝化甘油的研究方面取得了巨大的成就，共獲得技術發明專利三百五十多項，並在歐美等五大洲二十個國家開設了約一百家公司和工廠，累積了巨額的財富。

他不僅將自己的畢生精力都獻給了科學事業，還在生前留下遺囑，將自己的遺產全部捐獻給科學事業，成立「諾貝爾基金會」，用以獎勵後人，鼓勵人們向科學的高峰勇敢攀登。今天，以阿佛烈·諾貝爾的名字命名的科學獎已成為舉世矚目的最高科學大獎。

阿佛烈·諾貝爾出生於瑞典斯德哥爾摩，自幼體弱多病，家族事業以及父親的影響使他從小就對炸藥事業產生了濃厚的興趣，並將一生的精力都投入其中，最終取得了令世人矚目的成就。

序

阿佛烈·諾貝爾的一生都充滿了非凡的戲劇性和悲劇性。他不僅是一位多才多藝、天資聰穎的技術家，還是一位劃時代的發明家和先驅者。儘管體弱多病、健康狀況不佳又屢遭嚴重挫折，卻始終憑藉著自己的堅韌和不懈的勤奮，在惡劣條件下使那些充滿巨大冒險性的企業獲得成功。

他擺脫了民族偏見，一生四海為家，卻始終緘默憂鬱，缺少個人幸福，具有強烈的孤獨感。

今天，我們很難用合適的字眼來概括諾貝爾的一生，然而，他的偉大事跡以及他所取得的巨大成就，卻讓全世界所有人都為之注目，並且永遠地留在了人類社會發展的文明史冊上。

本書從諾貝爾的兒時生活開始寫起，再現了諾貝爾具有傳奇色彩的一生，讓讀者瞭解這位發明家和企業家不平凡的人生經歷及偉大人格，從中汲取他對理想執著不懈的追求精神，以及堅韌不拔、勇闖難關的堅定信念。

第一章　炸藥世家

生命，那是自然付給人類用來雕琢的寶石。

——諾貝爾

(一)諾貝爾的父親

阿佛烈·諾貝爾的祖先來自波羅的海斯堪地那維亞半島的最南端。諾貝爾這個姓氏在過去曾引起人們的很多猜想，可謂是眾說紛壇，很多人都認為這是一個英國或者德國的姓氏。事實上，諾貝爾是瑞典的古老姓氏之一，是由他們家鄉的地名諾貝魯斯變更而來的。

在諾貝爾那富有傳奇色彩的家族當中，最為傳奇的人物、對諾貝爾影響最深遠的人物，莫過於他那痴迷於發明的父親——伊曼紐·諾貝爾。

伊曼紐是個遺腹子，生於一八零零年三月二十四日。由於家境貧困，母親無力供他到學校讀書，因此這位天才從未受到過正規的學校教育。但他卻有著比一般人聰明的腦袋，而且體格健壯、力量過人。由於外祖父曾當過水手，所以他十四歲時就出去學習航海了。

航海的經歷增長了伊曼紐的知識，也磨練了他的意志，但也給他留下了許多痛苦的回憶。在他十八歲那年，貨船遇難，船上的幾名夥伴連同船長一起死於非命。他

（一）諾貝爾的父親

雖然倖免於難，但巨大的打擊卻讓他從此對航海喪失了信心和興趣。

後來，伊曼紐又到一位建築師那裡做學徒，以打零工為生。不過，他在幹活的時候多長了一個心眼，邊幹活邊細心研究觀察，並在心裡暗暗思索研究別人的手藝。總督穆罕默德·阿里見伊曼紐聰明勤快，便僱傭他幹活，從此伊曼紐成了一名名副其實的建築師。

也就是在這個時候，伊曼紐偶然抓住了一次大顯建築才能的良機，人生從此發生了巨大改變。

有一年，瑞典國王查理四世和他的隨從要路過伊曼紐的家鄉耶夫勒。伊曼紐得知，查理四世特別喜歡凱旋門，於是他在極短的時間內奇蹟般地設計建造了一座凱旋門向國王致敬。

查理四世在路過凱旋門時，看到這樣一個偏僻的地方竟可以在短時間內建起這樣一座宏偉的建築，對此讚歎不已，因而對伊曼紐這個從未接受過正規教育的年輕人也十分賞識。

有了這樣一番經歷，伊曼紐自然是受到了各方面人物的關注。不久，在兩位傑出的瑞典建築師的資助下，一八二一年，伊曼紐進入了斯德哥爾摩建築學校進行學習深造。

在學校裡，聰明好學的伊曼紐成績優異，曾四次獲得發明獎，就連校長都對他刮目相看。

四年後，即一八二五年，伊曼紐轉到工程學校受聘擔任設計教師，由於設計亞麻精整機而獲得年度獎金。一八二六年，這所學校改建為工業學院，伊曼紐雖然缺乏理論修養，但憑藉豐富的實踐能力和繼承自魯德貝克的在實用方面的特殊天賦，從一八二六年起又擔任建築師和工程師的職務。

在這期間，伊曼紐完成了不少新的建築工程，並且還進行了很多實驗。他曾經做過關於「多動木房」的種種設計實驗，建造了浮橋，還製造了各種機床，都獲得了人們的好評。

一八二七年，儀表堂堂、聰明健壯的伊曼紐將富裕的安德烈爾特家的女兒卡羅琳娜迎娶進門，組成了一個美滿的家庭，並靠自己的能力買下了一所舒適的公寓，開始了幸福的生活。

卡羅琳娜比伊曼紐小三歲，雖然出自富裕之家，但她絕不是嬌滴滴的大小姐，也絲毫沒有一般富人家孩子那種嬌生慣養的壞習慣。她雖然話語不多，但卻頗能吃苦耐勞，持家勤儉，還是一個虔誠的基督教徒，對遭遇世間苦難和不幸的人們充滿了同情和憐愛，並以幫助別人為最大的快樂。

同時，卡羅琳娜對丈夫的工作和愛好也表示理解和支持，為丈夫營造了一個良好的工作環境和歡樂溫暖的家庭氛圍。

（二）誕生

伊曼紐與卡羅琳娜一共生育了八個孩子，但只有羅伯特、路德維希和阿佛烈三個孩子長大成人，其餘的都夭折了。伊曼紐和卡羅琳娜的婚姻持續了四十五年之久，被外界公認為是一對幸福的伉儷。也正因為他們的智慧與慈愛，給了阿佛烈．諾貝爾一生用之不竭的優點：聰慧、勤奮、博愛。

他們的大兒子羅伯特出生於一八二九年六月八日，生活經歷比較簡單，他一生最

重要的成就就是發現了巴庫油田井，以及和他的弟弟一起創建了巨大的諾貝爾兄弟石油公司。這個公司對俄羅斯帝國的國防、工業、海路運輸等各方面的發展都造成了重要作用。在公司創建的最初幾年，羅伯特經常親自駐守在天寒地凍的巴庫，組織指揮當地的技術工作，為石油公司日後的發展打下了扎實的基礎。直到後來因為病重，羅伯特才不得不辭去了職務。

二兒子路德維希生於一八三零年七月二十七日，年輕時曾在聖彼得堡父親的工廠中幫忙，才幹也漸漸顯露，後來成長為一名出色的機械工程師。父親破產後，路德維希在維堡買下了一家小工廠，並逐漸發達起來。在十九世紀的六七十年代，他還曾致力於製造步槍和手槍。

在巴庫油田發現之後，路德維希在經營和管理油田方面還扮演了重要的角色，對油田工作進行了許多技術上的改進。尤其是在羅伯特病退後，路德維希更是一手包攬了巴庫油田的大小事務。在他的領導之下，油田的規模不斷擴大，使得諾貝爾兄弟石油公司逐漸成長為一個龐大的企業。

伊曼紐的第三個兒子就是阿佛烈．諾貝爾，本書的主角，也是那個時代最偉大的

（二）誕生

人物之一，出生於一八三三年的十月二十一日。

提到阿佛烈．諾貝爾，我們就不能不提到他的一系列發明。他一生知識淵博，在許多方面都有建樹，其一生可謂碩果纍纍，總共取得了近四百項科學發明的專利權，為合成化學的發展做出了傑出的貢獻。

其中，炸藥的發明是阿佛烈留給世人最為輝煌燦爛的一項發明成果。硝化甘油引爆法、雷管、達納炸藥、無煙火藥以及速爆炸藥等發明，在十九世紀後期為工業生產的迅速發展提供了強大的動力，為人類征服自然帶來了的福音。在炸藥得到廣泛使用後，一條條鐵路相繼通車，一座座礦山也得到了發掘和開採。

除了發明創造外，阿佛烈還熱情地資助他人，慷慨地承擔了恩蓋上尉試驗「空中魚雷」的費用，並且親自參與了相關的研究。現在人們使用的變速齒輪自行車、消除留聲機雜音的減音器等發明，也曾得到阿佛烈的熱情贊助。

阿佛烈不但是個發明家，還是個顯赫一時的大企業家。他的公司曾遍佈世界各地，並組合成為兩個規模巨大的托拉斯。

然而，令阿佛烈家喻戶曉的，還是他用自己的巨額遺產設立的諾貝爾獎金。如今，一年一度的諾貝爾獎已經深入人心。不論是科學家、文學家，還是政治家、經濟學家，都無不以諾貝爾獎作為自己所能獲得的最高榮譽。總之，諾貝爾獎已經成為具有世界意義的一項大獎。

（三）破產重生

一八二八年，由於伊曼紐經營的一家不動產公司獲得了可觀的收入，伊曼紐夫婦便於元旦那天搬進了斯德哥爾摩郊外斯塔卡爾賽布魯克的一幢寓所。寓所的周圍綠樹成蔭，湖水掩映，環境十分幽雅而清新。

在這期間，雖然伊曼紐很擅長機械製造，但才能卻沒有更好的施展機會，因此只好先擔任建築師。他接受了好幾處委託，承建了兩所房屋，一處是安魯法官的，在斯托托蓋特；另一處是貴族彼特勝的，在蒙克布隆。

另外，伊曼紐還在耶可布斯伯格附近承建了一所洗衣房，在斯庫路桑德還承建了一座造價三萬泰勒的懸橋。

（三）破產重生

然而不幸的是，在一八三三年，也就是小阿佛烈．諾貝爾出生的那一年，一場無名的大火使伊曼紐在蘭格霍爾曼、克拉帕斯塔得到的財產毀於一旦，並且債台高築。無奈之下，伊曼紐只好宣布破產。

一八三四年七月，破產申請生效，但仍然沒有解除一切債務。甚至直到一八五零年時，伊曼紐雖然已經償還多年的舊債，但仍未完全還清。

這場大火讓伊曼紐變得傾家蕩產，一家人不得不搬到諾曼街九號的一所便宜的房子當中。在那座兩層樓的建築後面，一道木樓梯從院子通向諾貝爾一家的住所，住所內有一間起居室、兩間臥室和一個廚房。房間內除了一些必不可少的生活用具之外，幾乎不能再簡陋了。

伊曼紐之所以會搬到這所房子中，是因為這所房子的租金十分便宜。火災後，伊曼紐不論如何努力工作，不論對自己多麼充滿信心，可事事都不如願，全家人的生活都陷入了困境。

就在這時，從埃及傳來了將要開鑿蘇伊士運河的消息，這重新鼓起了伊曼紐的勃勃雄心，也讓他產生了靈感．他要發明一種炸藥，使運河隧道和築路建設工程變得省時省力，徹底改變以前施工落後、進程緩慢的面貌。而且，運河的工程巨大，工期要歷經數年，如果自己能夠發明一種強效的炸藥，一定能夠持續多年獲得豐厚的利潤，為自己的事業開創出一條新的出路。

雖然伊曼紐並不懂得相關的知識，也沒有受過安全操作的訓練，但他還是不顧一切，立即一頭栽進了實驗室，開始研究這個危險而充滿前途的領域。

伊曼紐的行為讓卡羅琳娜很不安。一八三七年，伊曼紐開始在後院的棚子中進行炸藥試驗，研究炸藥的各種配方，以及溫度、濕度等因素對炸藥性能的影響。

有一天早晨，伊曼紐家的後院裡突然傳來了劇烈的爆炸聲，直震得房屋搖晃，門窗格格作響。受到驚嚇的鄰居們聚集到伊曼紐家的院子裡對他大聲謾罵，而此時的伊曼紐卻正在為找到一種新炸藥的配方而欣喜萬分。

由於這次事故，瑞典市政當局下令禁止伊曼紐再進行爆炸試驗。無奈之下，伊曼紐只要告別妻兒，隻身前往波蘭，後來又輾轉到了俄國，定居在聖彼得堡。

在聖彼得堡，伊曼紐研究製造各種機械，其中最著名的就是一種切割機器。當然，他主要致力於炸藥的研究，並設計製造出了防禦用的地雷和水雷。

（三）破產重生

在此期間，伊曼紐結識了一位俄國將軍、工程師伊蓋爾夫。伊蓋爾夫對他的發明很感興趣，並向國防部長提交了報告。

一八五二年，伊曼紐的水雷終於在聖彼得堡附近的河口試驗成功。

然而，關於水雷管轄權的歸屬問題，海軍、陸軍之間卻展開了無休止的爭執，問題也被無限期地擱置起來。到一八五三年，俄國和土耳其之間因「巴勒斯坦聖地」發生了軍事衝突。同年的十月四日，土耳其對俄國宣戰。一八五四年三月二十八日，英國和法國也對俄宣戰，克里米亞戰爭爆發。

九月，英國、法國和土耳其三國聯軍在黑海北岸的克里米亞地區登陸，開始對俄國要塞瓦斯托波爾發起進攻。為了應付戰事，總參謀部想起了伊曼紐設計的水雷，並授命他緊急製造水雷，儘快在海域設防，以抵禦英國的艦隊。

這時，羅伯特·諾貝爾按照父親的設計，在芬蘭灣港口和聖彼得堡的戰略要地、結冰的克隆施塔特軍港的入口處佈置了水雷。

雖然這些水雷並沒有擊沉或擊落戰船，但還是對戰船造成了一定的威懾作用。當一名英國水兵發現一枚水雷後，將它撈上來放置在「威靈頓公爵號」上，交給軍火專家檢查。在拆卸這枚水雷時，當即便炸死了一名水手。

而且，當時還有一艘俄國汽船不服從領港員的指揮隨意行使，結果撞上了一串封鎖港口的水雷受到了重創。在一事件被附近的英國艦隊看到了。也正是因為這一事件，才令停泊在芬蘭灣的英國艦隊不敢發起襲擊。

由於水雷對港口的確有一定的防禦作用，俄國軍方開始便源源不斷地向伊曼紐的工廠訂貨。

可以說，從一八三七年遷居聖彼得堡後，伊曼紐的生意又開始蒸蒸日上了。一八四二年，他開辦了一座金屬工廠和鑄造廠，生意很好，他也成了俄國有名的工程師企業家。

一八四二年，伊曼紐將卡羅琳娜母子接到聖彼得堡團聚，並在隨後的幾年當中將在瑞典大火時所欠下的債務一一還清，徹底擺脫了債務的困擾。

第二章 多病的童年

傳播知識就是播種幸福。……科學研究的進展及日益擴大的領域將喚起我們的希望，而存在於人類身心上的細菌也將逐漸消失。

——諾貝爾

第二章　多病的童年

（一）與母相依為命

卡羅琳娜是個典型的賢妻良母，具有無窮的智慧和精力，又頗具幽默感。在生活當中，她講求實際，樂觀豁達，又謙遜有禮。所有優點後來都深刻地影響了她的孩子們。

一八三三年的那場大火，燒燬了伊曼紐在斯德哥爾摩的住宅和全部器具。此時的卡羅琳娜一點抱怨都沒有，而是帶著已經出生的兩個兒子羅伯特和路德維希，跟隨丈夫從舒適的公寓搬到了一所簡陋的房子中。

在她的操持下，家裡雖然缺東少西，但也安排的井井有條。日子雖不富裕，但也能夠勉強維持體面。

一八三三年十月二十一日，阿佛烈·諾貝爾就誕生在這所灰暗、簡陋的石頭房子中。

出生後的阿佛烈一直體弱多病，就連呼吸和吃奶的力氣都沒有。當父親伊曼紐看到這個瘦弱的小嬰兒時，非常擔心他像以前的孩子一樣，活不了多久，因此常常暗自祈禱，希望這個孩子能夠健康地活下來。

面對這個可憐的小傢伙，母親卡羅琳娜慈愛的目光中也流露出絲絲的不安和憂傷。但就在別人幾乎放棄了希望的時候，她依然相信，自己對這個病弱的孩子嘔心瀝血的照顧和愛定能感動上帝，上帝也會保佑她的小阿佛烈長大成人的。

在阿佛烈四歲時，父親伊曼紐便隻身前往波蘭謀生，養育三個孩子的生活重擔就全部落在了卡羅琳娜一個人身上。

由於生活窘迫，卡羅琳娜就在自家的門口開了一個經營牛奶、蔬菜的小副食店，但所賺的錢還是難以維持母子四人的生活。幸虧卡羅琳娜的父母不時地給予他們關照和救濟，卡羅琳娜和孩子們才堅強地挺了過來，一起艱難度日。

與別的孩子相比，阿佛烈顯得有些蒼白與安靜。長期的健康不佳，也使他的童年不像其他孩子的童年那樣歡樂、無憂無慮，有著美好的回憶。

一八五一年，在十八歲時，阿佛烈用出色的英文創作了一首題目為《謎語》的自傳體詩，回顧了他的童年舊事。如今，這首詩還保存完好。現摘錄其中幾段：

我躺在搖籃裡行將死去，

（一）與母相依為命

第二章　多病的童年

母親懷著深沉的愛，
長年累月守護在我的身旁，
雖然希望渺茫，
她卻要拯救這欲滅之光。
我連吸吮乳汁的氣力都沒有，
接著是一陣抽搐，
直把我送到死亡的邊緣，
我體驗到了死亡的痛苦，
又感受到了死亡的極點。
好不容易長大了，
病弱仍然一直伴隨著童年。
在這個小小的世界上，

（一）與母相依為命

我生活的地方，
彷彿是陌生的，
小夥伴們玩得熱火朝天，
我卻只能默默地站在一旁觀看。
我這顆與童年歡樂無緣的心，
只能朝著未來，
把希望寄託給明天。

幼年時期的阿佛烈絕大部分時間都是在母親身邊度過的，這是他永遠也不能忘記的一段時光。他身體特別虛弱，稍微照顧不周就會發燒，還常常胃痛。為了這個，母親不知道被折磨了多少回，好幾次阿佛烈都是在母親的精心照料下才得以死裡逃生。在他的身上，母親傾注了全部的柔情和愛，這種感情一直延續到阿佛烈成年後的所有歲月。

因此，在阿佛烈的心中，母親一直都是這個世界上最親密、最慈祥的人。後來，他還特意撰寫了一首詩來記錄下對母親的這份感激之情：

在那個年齡，愛神不會賜予你玫瑰，
也不會滋生荊棘來踐踏純淨的心田；
心房一直在那裡平穩地搏動，
不會因歡娛或哀傷而忐忑不安。
唯有母親的親吻讓小臉兒樂開了花兒，
笑容裡滿滿的是天真與歡喜。
這種歡樂掀不起洶湧的波濤，
淚水也不會浸透著辛酸。
到了成年人的平靜日子，
斷了奶，卻斷不了慈母親切的關懷與溫暖。
我倆一起歡呼仙境般的未來，

用希望之光照亮美好的前程，
那希望之光啊，
是慈母燃起在幼嫩靈魂深處的光焰。

（二）上學

自一八三七年父親離開家後，一晃又是四年了，弱不禁風的阿佛烈在母親的悉心照料之下，勉強長到了八歲。這時，他已經到了上學的年紀了，但母親卻暗自發愁，甚至偷偷垂淚。她無法想像，瘦弱而又愛生病的阿佛烈進入學校後，該怎樣應付那些野蠻粗魯、不懷好意的陌生人的欺負和擺佈。而且，她也擔心阿佛烈不喜歡學校的生活，因為他那脆弱而敏感的神經可能根本承受不了那些嚴肅古板的先生們的教導和訓誡。

但是，為了能讓孩子接受良好的教育，卡羅琳娜還是下定決心，於一八四一年秋天將阿佛烈送入他兩個哥哥所在的聖雅各布小學。

不過，阿佛烈在這所學校中僅僅讀了兩個學期，這也是他一生當中唯一一所接受正規教育的學校。

學校全新的環境、有趣的知識，激發了阿佛烈強烈的學習興趣和求知慾。在課堂上，小阿佛烈總是全神貫注地聽老師講解，全然忘記了昨天晚上他還發著低燒。在知識面前，他表現出來強烈的好奇心，這讓母親感到十分欣慰，但又擔心他因學習過度而累壞了身體。

阿佛烈的學習成績一直很優秀，第一學期的成績報告單表明，他的智力、勤勉和操行三項都獲得了最高分；第二學期時，他的智力和勤勉依然是最高分，但由於經常生病，遲到了幾次，操行沒能拿到最高分，這讓阿佛烈很難過。

然而，正如母親所擔心的那樣，阿佛烈柔弱的身體和敏感的神經讓他在學校當中很不合群。他好像天生就很憂鬱，從不主動與其他孩子交朋友，平時也很少說話。當其他孩子打打鬧鬧時，他總是一個人默默地躲在遠處，沉浸在自己的世界當中，小臉上那清澈的眼睛永遠那麼專注，彷彿在思索著什麼重要的問題。

除了上學外，在家裡時，阿佛烈的大部分時間也是讀自己喜愛的書、畫畫、寫作文。有不認識的字或看不懂的地方時，就去詢問母親。或者是一個人到田野中去散步，去看看小花、青草，或者撿起一些小石頭欣賞一番，靜靜地把自己融入到大自然當中。

這些愛好也培養了阿佛烈觀察自然的愛好，從中也體驗到了大自然無窮的樂趣。用阿佛烈自己的話來說就是：

「我在少年時代研究了自然這個最好的教科書。」

另外，他還喜歡安靜地閱讀各種童話故事。就連老師都覺得，這個孩子將來可能會成為一名詩人或文學家。阿佛烈的外婆很疼愛他，經常給他講一些瑞典和丹麥的童話故事，這時他總是乖巧地坐在一邊靜靜地聽著，腦海裡充滿了無盡的遐想。在他幼小的心靈中所燃起的無數幻想，可能就是日後發明創造的最初胚芽吧！

（三）轉往俄國

就在小阿佛烈如饑似渴地汲取知識的時候，由芬蘭前往俄國發展的父親終於傳來了捷報。一八四二年十月的一天，就在全家人望眼欲穿地盼望著父親的來信時，父親的信終於到來了。

父親在信中說：

……十分抱歉，我讓你們久等了。在國外的這五年時間，我時刻都強忍著對你們的思念，拚命地工作。而我的努力也最終沒有白費，現在我已經建立了一座小工廠，你們一定會為我高興吧。工廠的訂貨單每天都在不斷增加，我已經購置了一幢很大的房子，這是贈送給你們的見面禮。請你們儘快到聖彼得堡來，讓我早一點見到你們健康的面容！

父親的來信讓兄弟三個都興奮不已，期待著能快點啟程去與父親團聚。母親卡羅琳娜此刻回想起這幾年所經受的苦難，禁不住流下了欣喜的淚水。

原來，父親自從一八三七年離開瑞典後，開始時在芬蘭的土庫做過建築師、營造師、各種實驗員等，也經歷了許多磨難。在他的身後，留下了一排排當時風格的各式建築，就是他在那裡生活的見證。

後來在前往俄國後，經過幾年的辛勤努力，伊曼紐又研製出的地雷，並終於得到

（三）轉往俄國

俄國國防部的認可，政府付給了他數目不菲的報酬和獎金。於是，他在聖彼得堡開設了一家製造軍用機械的工廠，並且購買了一幢帶有漂亮花園的房子。

收到伊曼紐的信後不久，一心想與父親早日見面的大兒子羅伯特便比母親和兩個弟弟先行一步，獨自一人前往俄國。

一八四二年十月二十一日，卡羅琳娜帶著路德維希和九歲的阿佛烈，懷著無限的歡愉與希望離開了瑞典，乘坐著輪船，度過波羅的海緩緩地駛進了聖彼得堡港。

在母子三人到達的那天，父親早早就到碼頭上迎接他們。阿佛烈左顧右盼，望著高聳的寺塔及洋蔥頭狀的屋頂，對異國大城市中的每一件事物都充滿了好奇與驚喜。

來到俄國後，阿佛烈依然經常生病，往往是今天感冒剛好一點，明天胃病又發作，整天都是藥不離口，一家人都被他折騰得團團轉。

阿佛烈每天都要忍受臥病在床的痛苦，而他的兩個哥哥到了聖彼得堡之後卻如魚得水，經常一天到晚跑出去瘋玩。此時可憐的阿佛烈就只能孤單單地待在自己的小房間裡，或者看書，或者畫畫，或者海闊天空地幻想。

父親有空的時候，會給阿佛烈和哥哥們講述他在這四年中身邊所發生的事情以及現在的工作，這也是父親的一大樂趣。從知識廣博的父親那裡，阿佛烈和兩個哥哥聽到了好多生動的古代科學家的故事。阿佛烈的聰明才智就是在這種良好的家庭環境中逐漸被塑造出來的。

阿佛烈和哥哥來聖彼得堡時，還都是上學的年齡，父親對他們上學的事也十分關心。但是，聖彼得堡沒有瑞典人開辦的學校，如果讓孩子們去上當地正規的學校，他們又根本聽不懂俄語。

後來，父親發現，俄國當地有這樣的風氣：有錢人家的孩子都不去學校上學，而是跟著家庭教師學習。考慮到家庭的經濟條件已經逐漸好起來，所以父親便決定為孩子們聘請一位瑞典籍的家庭教師，教授孩子們學習俄文。等孩子們已經掌握了一定的俄文後，再聘請俄國教師。就這樣，兄弟三人便開始了他們諾貝爾家庭學校的生活。

第三章　在聖彼得堡的生活

不尊重別人的自尊心，就好像一顆經不住陽光的寶石。

——諾貝爾

（一）家教

伊曼紐為孩子們聘請的第一位家庭教師是瑞典語言學家和歷史學家B．拉魯斯．桑德遜，教授三個孩子瑞典語、俄語以及瑞典歷史等。老師每天除了給他們講授語言、歷史外，還教給孩子們各種科學知識。這對於培養諾貝爾兄弟們的廣泛興趣具有極其重要的意義。

後來，伊曼紐又為孩子們聘請了一位俄國教授，就是後來向他們父子介紹硝化甘油爆炸性能的尼古拉．齊寧教授。

當時，齊寧教授是一位俄國著名的化學家，也是俄國有機化學的奠基人。諾貝爾兄弟三人日後能夠成為那麼出類拔萃的人才，與齊寧教授給他們打下牢固的基礎知識是分不開的。這段學習經歷，對於阿佛烈在化學啟蒙教育中所造成的重要作用顯然也是不能低估的。

兄弟三人都非常聰明，尤其是阿佛烈。雖然他的年齡比較小，而且身體羸弱，但學習勁頭卻一點都不亞於兩個哥哥。開始老師還為他能否跟得上學習的進程而擔心，可是他學習起來一點都不落後，尤其在俄語學習上，甚至比哥哥們進步還快。

「阿佛烈，你很有語言天才，很快就能把俄語學得很好了。」

有一天，老師稱讚道。

「學俄語很有趣啊！我很喜歡。」

「很好，等你俄語學會後，我會再教你學習英語、德語。」

「一定的！老師您可一定要教我！」一聽要學習其他語言，阿佛烈十分高興。

就這樣，除了學習俄語外，阿佛烈還學習其他幾種外國語言。

在學習外語時，阿佛烈尤其勤奮、認真、刻苦。比如在學習法語的時候，為了增強記憶力，提高學習效率，他就先將德國名著翻譯成瑞典文，再轉譯為法文，然後再認真核對兩次翻譯的手稿，反覆進行比較、查對，一旦發現錯誤就立即改正，直到完全熟練掌握為止。

阿佛烈還把這種學習方法推廣到其他語種的學習當中，結果他通曉了俄、法、德、英等多種語言。借助這些語言工具，阿佛烈也熟練地閱讀了很多科學著作和文學名著。

阿佛烈還十分熱愛化學和文學。有一次，他發現家庭教師帶來了一本裝幀精美的書，便趁老師不在好奇地拿起來翻看。不看則已，這一看，阿佛烈便被這本書深深地吸引住了。

向上，再向高處飛翔，
從地面你一躍而上，
像一片烈火的輕雲，
掠過蔚藍的天心，
永遠歌唱著飛翔，飛翔著歌唱。

這是一本英國詩人雪萊的詩集。看到書中這些吟詠雲雀的美麗句子，阿佛烈彷佛聽見了天空中正響徹著雲雀歡樂的啼鳴，彷佛不知不覺間就進入了清新的音樂海洋，徜徉其中。

在隨後的閱讀當中，阿佛烈還發現，對大自然的熱烈情感、精緻細膩的內心活動，都只是這位偉大詩人的一個方面。更讓阿佛烈感到熱血沸騰的，是雪萊對於光輝未來和人類進步的樂觀而熱切的信念，還有雪萊與生俱來的反叛精神和桀驁不馴的個性。這一切都成為終生鼓舞阿佛烈的信念和力量。

不過，父親伊曼紐卻不贊成阿佛烈閱讀雪萊的詩歌，他認為一個男子漢不應該喜歡這種女子拿來消遣的東西。對此，阿佛烈十分不解。在他看來，雪萊的詩歌和精神是無比高貴的。為此，父子間也產生了一些隔閡。

幸好母親卡羅琳娜對阿佛烈的這一愛好十分支持，並且鼓勵他說：

「詩歌是寫給心靈高尚、有教養的人欣賞的，我很高興你能喜歡。」

在母親的支持下，阿佛烈不僅大方地朗讀、背誦雪萊的詩歌，心血來潮時，還嘗試著自己創作詩歌。此後，讀詩、寫詩也成為他終身保持的一個愛好。在那段時間裡，儘管阿佛烈還不能確定自己長大後應該做什麼工作，但很顯然，他對化學和文學都產生了相當濃厚的興趣。

（二）埃米爾出生

在諾貝爾一家人到聖彼得堡的第二年，即一八四三年，家中又增加了一名新成員——阿佛烈的弟弟埃米爾出生了。

埃米爾是個結實的孩子，性格也很穩重，後來和阿佛烈的關係很親密。一家人也都很喜歡小埃米爾。可是，當時誰也沒有想到，悲慘的命運此刻已經在等待著他了。

當時，父親伊曼紐的工廠與他們的住所之間隔著一條很寬的河，阿佛烈和兩個哥哥對河對岸父親的工廠和那裡的工作產生了很大的興趣。於是，三個人每天做完功課後，就要跑到工廠裡去玩耍。

在父親的工廠裡，阿佛烈總是被那些快速轉動的機器所吸引，但最令他覺得有趣的，還是那些裝入地雷或水雷中的火藥。

只要一有空，伊曼紐就會帶著三個兒子在工廠中到處逛，並把各種機械構造的原理講給他們聽，有時還讓他們親自動手操作一下。從這些方面來說，伊曼紐不僅僅是三個孩子的父親，還是他們的好老師。

（二）埃米爾出生

當時，沙俄皇帝尼古拉出於對俄國的未來考慮，想要擁有威力強大的武器，所以對伊曼紐研究的地雷很感興趣，並且為此向伊曼紐提供了大量的資金。

阿佛烈在父親的工廠裡，還親眼目睹了地雷實驗的整個過程。實驗即將結束時，只聽見「轟」的一聲巨響，頓時飛沙走石，煙霧瀰漫。地雷爆炸實驗成功了。

然而，孩子們都十分擔心，因為地雷實驗經常伴有爆炸產生的種種危險。但父親伊曼紐卻很有膽量，並不那麼懼怕，他告訴孩子們說：

「如果做到沉著、謹慎、認真地進行實驗，就絕不會出現危險。」

阿佛烈在同這位精力充沛、大膽無畏的父親的接觸過程中，也深深地受到了父親發明創造精神的感染。在他幼小的心靈當中，也不知不覺地萌發了獻身科學的理想。

「我長大以後，也要當個像父親這樣的發明家。」

這個時期，阿佛烈與父親的接觸十分密切，在工廠裡也會給父親當助手，做一些雜事。由於對知識的不斷渴求，他在學習方面也更加勤奮，只要是他看到或聽到的重要知識，就會通通被吸收進去。生活本身變成了他的大學，父親豐富的經驗和想像力也對他產生了巨大的影響。阿佛烈曾經說過：

「儘管生活無疑是很艱難與憂慮的，但我把它看成是一份珍奇的禮物，是大自然這位母親親手賦予我的一顆寶石，讓我自己來磨煉它，直到這顆寶石用它的光澤來獎賞我的辛勤勞動。」

父親伊曼紐也說：

「我的好學而勤奮的阿佛烈……受到父母的器重和兄弟們的高度尊敬，這是因為他有著無與倫比的學識和不屈不撓的工作精神。」

(三) 出國

諾貝爾家庭學校從一八四三年起，一直辦到一八五零年。到一八五零年，諾貝爾三兄弟結束了學業。

在這幾年當中，父親伊曼紐的事業蒸蒸日上，工廠裡的業務忙得他團團轉，他迫切需要找幾個聰明能幹的好幫手來協助自己發展事業。

伊曼紐想來想去，覺得最合適的人選就是自己的三個兒子。他們個個年輕力壯，

（三）出國

而且又聰明能幹。如果重點培養一下，一定可以在各方面獨當一面。

於是，伊曼紐就安排羅伯特和路德維希到工廠裡實習。羅伯特腦子聰明，善於溝通，喜歡與人打交道，很有經商的天賦，因此父親就讓他負責工廠裡有關業務方面的工作；路德維希在機械技術方面很有才華，父親便安排他在工廠裡負責技術方面的工作。

而對於阿佛烈，父親伊曼紐很早就注意到了這個孩子對火藥的興趣和表現，雖然他不是最聰穎和最有天賦的一個，但卻是最勤奮的一個。伊曼紐希望阿佛烈長大後可以在研製諾貝爾工廠的新產品方面發揮作用。

當時，伊曼紐有一位在美國的朋友，名叫約翰．艾力克森。他是一名瑞典海軍工程師，曾經發明過熱式發動機，還曾改進了螺旋槳推進器等。

後來，艾力克森還設計了「莫尼塔號」新型船艦。在美國南北戰爭期間，這種船艦使北軍取得了勝利，艾力克森也因此而聲名遠颺。

由於艾力克森的興趣和發明多數都與機械化戰爭及蒸汽和熱力技術有關，而這些技術又正是伊曼紐在聖彼得堡的機器工廠所應用的，因此，伊曼紐便決定讓阿佛烈出國，到美國去學習，一方面讓他去接受工程師的教育，另一方面也可以順便去考察一下歐洲國家和美國在機械及化工方面的現狀及發展前景等。

儘管母親卡羅琳娜對這個自小體弱多病的孩子很不放心，但為了讓阿佛烈出眾的才華得以發揮出來，也為了日後能夠幫助父親打理工廠，伊曼紐和卡羅琳娜還是決定讓他獨自出國。

於是，在一八五零年，剛剛十七歲的阿佛烈便離開父母和兩個哥哥，在父親的安排下獨自出國，開始了他的歐美之旅，去接觸其他國家的先進設備和研究成果。

在那個時代，阿佛烈的這種旅行還是具有一定的困難和冒險性的。因為這是他第一次踏出家門，獨自一人面對外面陌生的世界。不過，阿佛烈並沒有因此而心懷恐懼和不安，因為他知道，自己的內心裡有一個無比廣闊的海洋。回想起自己的童年時期，由於身體多病，阿佛烈不得不整日臥床；而現在，他終於盼來了一個可以展翅高飛的機會，這怎麼能不讓他興奮呢？透過他日後的詩歌，我們也可以瞭解到他當時的心境：

在我年輕的時候，

（三）出國

曾漂洋過海赴他鄉，
一種怪念油然而生：
漫漫大洋，無限錦繡，
卻不能使我留念回首，
因為我心目中的海洋，
更加浩瀚悠悠……

第四章　求學之路

金錢這東西，只要能夠一人的生活就行了，若是多了它會成為遏制人才能的禍害。

——諾貝爾

（一）螺旋槳

離開聖彼得堡後，阿佛烈所乘坐的輪船在大西洋上不停地向西前進。

這是一艘兩旁裝有水車的輪船，雖然阿佛烈即將投入以發明螺旋槳聞名的美國發明家艾力克森門下，但當時那種新船並沒有被普遍採用，所以阿佛烈乘坐的仍是舊式的船隻，它正在緩慢地在波浪的搖盪中航行。

阿佛烈倚靠著甲板上的欄杆，望著起伏不定的海浪冥想著：

「我正一步步接近的美國，究竟是什麼樣子呢？是一個朝氣蓬勃的國家嗎？是很大的城市還是一片廣闊的牧場？還是盛產石油和煤鐵的大工業國？」

在長途疲憊的旅行中，阿佛烈仍然沒有忘記時刻複習英文，加強語言表達能力，以便能夠適應那即將到達的陌生國土。

對語言頗有天分的阿佛烈，在俄國聖彼得堡生活期間，英文讀寫能力就已經相當不錯了。為了精益求精，他仍然不忘隨身攜帶各種英文讀本，其中除了有關科學的書籍之外，更不乏文學與詩歌方面的讀物。

（一）螺旋槳

在漫長的旅途中，阿佛烈最喜歡的事就是坐在甲板上，面向大海欣賞文學作品，尤其是雪萊的作品，更是深深地吸引著他。雪萊的思想也逐漸被他吸收、融合而成為阿佛烈的思想了。

後來，阿佛烈之所以能夠以合理的科學觀點，促進發明事業的擴大，並以和平的手段和博愛的精神處事待人，與受雪萊影響是分不開的。

抵達美國後，阿佛烈牢記父親的囑託，認真地去完成父親交付的兩個任務。

首先，他帶著父親的介紹信去拜訪了艾力克森。艾力克森對阿佛烈的到來深表歡迎。此後，阿佛烈便到艾力克森的工廠裡實習。

在此期間，他學習了許多有關各種機械的技術，累積了許多新的研究和實驗方法，大大地開闊了眼界。同時，他還協助艾力克森從事以火和高溫產生的膨脹空氣來代替蒸汽發動引擎的熱空氣研究工作。熱空氣引擎就是後來的燃氣輪機，在當時還沒有被正式使用。

在從事這項研究時，阿佛烈學習到了物體燃燒發熱使氣體膨脹產生力量的原理，並學習到了許多其他方面的新知識。

師從艾力克森的這段經歷對阿佛烈後來的事業發展造成了重要作用。後來，他把市場拓展到美國就是最好的證明。

由於還要到歐洲學習考察，一年半後，阿佛烈便告別了艾力克森，離開美國，回到歐洲，並繼續到各地旅行學習。在惜別的時候，艾力克森對這位有著遠大前途的青年學生說：

「你的資質不錯，只要你有勇氣，勤奮努力，以後一定會成為卓越的科學家。我企盼著你的成功。」

不同國家的風土人情都讓阿佛烈覺得饒有興趣，各地人們不同的風俗、個性以及心態等，也都在潛移默化地影響著他看待世界的視角。

在遊歷了義大利之後，阿佛烈的大部分時間都待在巴黎。在那裡，他走訪了大學的研究所，參觀了各種各樣的實驗室，還結識了不少著名的科學家、教授和優秀的學生，並積極地與他們學習、交流，以便能夠儘快地瞭解各種科學研究的新成果。

晚上，阿佛烈回到住處後，依然不斷地進行思考，以便將白天學到的新知識仔細地記錄下來，整理成筆記。這些發達國家的科技水準令阿佛烈大開眼界，同時也更加激發了他旺盛的求知慾，他暗暗慶幸自己此行定然不會無功而返。

（二）初戀

現在不少人在解釋為什麼沒有數學方面的諾貝爾獎時，往往喜歡談論阿佛烈·諾貝爾與瑞典數學家米塔·列夫勒同時向一位佚名的女士求愛的故事。

這個故事裡，在這場愛情中，諾貝爾成了情場上的失敗者，於是就透過把數學排斥在獲獎範圍之外來進行報復，從而使米塔·列夫勒永遠不能獲得他所設置的任何一種獎項。

其實，這個傳奇故事並不是事實。因為在任何標準的數學史記載當中，都沒有這個故事，而且所有的數學史研究者也都不能準確地說出它的出處。正如前諾貝爾基金會主席拉梅爾所說的那樣：

「諾貝爾之所以將數學排斥在獲獎範圍之外，是因為他希望以一種具體的而不是抽象的方式造福於全人類。」

不過，在阿佛烈這次歷時兩年的世界旅行中，他的確遭遇了一次刻骨銘心的初戀。這次初戀對阿佛烈來說，既是終生難忘的，卻又是充滿苦澀的。

在阿佛烈年輕的心中，一直都渴望追求一種浪漫純潔的愛情，能夠將兩顆心緊緊連在一起，共同探索對方乃至周圍人們的美好心靈和崇高品格。那麼，這樣的愛情到底存不存在呢？他無從得知。因為阿佛烈一直覺得自己相貌平平，毫無吸引女孩子的地方，絕不會有人愛上他。

直到有一天，一位少女走進了他的世界。

一八五一年，十八歲的阿佛烈在巴黎的一家實驗室裡學習。

巴黎是世界藝術家和文學家薈萃的地方，那裡有許多劇場和美術館，因此，巴黎也是阿佛烈一生中最鍾愛的城市，曾經被他稱為是「光明之城」。

但初來乍到，當一天的學習結束後，回到旅館便只剩下孤零零的一個人。這時，一種寂寞之感也便油然而生。在這種時刻，能夠驅走阿佛烈心中寂寞之感的只有文學。

日子一天天地過去了。有一天，在一次晚會上，阿佛烈結識了一位來自瑞典的少

（二）初戀

女。當時的阿佛烈正是初來巴黎，對一切都感到很陌生、很無助的時候，少女見他悶悶不樂的樣子，便過來輕輕地問候他。

看到眼前的少女，阿佛烈心靈為之一顫，彷佛看到了雪萊詩中那位精神之美化身的艾米麗。

少女彬彬有禮地問他為什麼不開心，阿佛烈回答說他現在感到很迷茫，失去了幻想，並將自己的悲觀和沮喪情緒向少女傾訴。

而少女對生活卻充滿了強烈的信念，她靜靜地聽著阿佛烈的訴說，然後善意地責備他不應該對生活失去信心，提醒他應該透過自己的堅強和努力，為人類作出貢獻。

少女的每一句話都撥動著阿佛烈的心弦，她儼然已經成為青年諾貝爾心中高尚情操的化身。他們一直談論到天亮，並為最終達到了一致的意見而感到高興。分別時，阿佛烈覺得自己內心的一切憂鬱都一掃而光，取而代之的則是無限的喜悅。

經過瞭解，這位皮膚白皙、年輕貌美的金髮少女在一家小藥店裡工作。從這次相遇後，他們便相愛了，並且又約會了幾次。

在塞納河畔，在公園的林陰道旁，經常有他們幸福的身影。他們有說不完的話，在他們之間充滿著歡樂。有詩為證：

我懷著從未有過的喜悅，
又一次同她見面了。
從那以後多次幽會，
我們已經難分難捨。
……

不幸的是，這段幸福而美好的時光卻是那麼短暫，因為少女身染肺結核，突然離開了人世。

這一噩耗讓年輕的阿佛烈心靈受到劇烈的創傷。他極度悲痛，精神頹喪，整日獨自躲在屋子裡哭泣，猶如生了一場大病。

後來，阿佛烈終於戰勝了這一不幸。正如他自己所說的那樣：

「我已經懂得去研究大自然這本書，去領悟其中的篇章，並從它那深邃的學問裡汲取一種撫慰，來消除我的憂傷。」

第五章　家族工廠破產

我真想發明一種具有那麼可怕的大規模破壞力的特質或機器，以至於戰爭將會因此而永遠變為不可能的事情。

——諾貝爾

（一）團聚

一八五二年七月，阿佛烈結束了旅行生活，帶著豐富的知識和閱歷回到了聖彼得堡的家中。

一家人都歡歡喜喜地為他接風洗塵，母親的臉上依然帶著慈愛的微笑，父親依舊還是那副精力充沛的樣子，羅伯特和路德維希看上去則成熟了許多，小弟弟埃米爾也長高了。終於見到了分別兩年的親人，阿佛烈掩飾不住內心的激動與喜悅，臉上洋溢著幸福的微笑。

在出國遊歷的這兩年當中，阿佛烈先後去過美國、法國、德國和義大利。由於他善於觀察、認真學習，知識迅速累積。回國時，他已經成長為一位精通德、英、法及俄語的學者、受過科學訓練的化學家了。

剛剛回到家中安頓下來，阿佛烈便迫不及待地詢問父親工廠的情況。這兩年，父親的事業又擴大了，工廠也已經改名為「諾貝爾父子機械鑄造廠」。當時，俄國的第一條鐵路使用的鐵器製品，俄國軍艦所使用的大砲和蒸汽機等，都是由父親的工廠

(一) 團聚

生產的。在十九世紀五零年代建造的幾艘軍艦，在第一次世界大戰中仍然服役，這說明諾貝爾的這家工廠產品品質是相當高的。

聽到這些振奮人心的消息，阿佛烈的心早就飛到父親的工廠了，期待可以早點到工廠中大幹一場。

其實，在此之前，阿佛烈對父親工廠中生產的大量武器一直持懷疑、不解甚至是反感的態度。阿佛烈認為，自己選擇科學研究的道路應該是為人類帶來幸福，為世界文明發展出力的，而家族事業的發展卻似乎與他的願望背道而馳。

帶著自己的疑問，阿佛烈與父親長談了一次。父親頗具哲理的觀點解除了阿佛烈心中的疑惑，並且影響了他很長一段時間。父親說：

「孩子，武器可以製造和平！我們可以不製造武器，但不能阻止其他國家擁有武器，所以一旦發生了戰爭，我們就沒有還手之力。武器並不是導致戰爭的直接原因，我們製造的武器如果非常強大，強大到只要一使用就可以在最短的時間內毀滅敵我雙方，這樣也許就再也不會發生戰爭了。」

父親的這番話解開了阿佛烈的心結，因此在回到聖彼得堡的第二天，他就懷著極大的熱情到工廠上班了。

阿佛烈先從最簡單的實習生開始，除了學習各類機械車床的操作之外，還學習一些機床的修理和故障的排除等知識。這些笨重的粗活兒常常會將人弄得滿身油汙，但阿佛烈卻做得津津有味。

在工作之餘，阿佛烈還到大哥羅伯特那裡學習一些辦公室業務方面的工作，並將鋼鐵和機械的各種價格記錄下來，做成帳目或統計報表，進而研究公司業務經營方面的訣竅。

每當夜深人靜，家人都已經休息時，阿佛烈還在孜孜不倦地閱讀各種有關火藥和機械製造方面的書籍，並不斷研究機械改良設計和研發新產品。

同時，他還嘗試著做一些化學試驗。在國外求學期間，阿佛烈有機會閱讀了大量的化學參考書，這些書籍讓他回憶起小時候玩火藥的情景來，因此長大後對這方面的研究依然痴迷不已。

（二）破產

阿佛烈每天都要超負荷地工作，這讓他本來就很虛弱的身體也開始受不了了。聖彼得堡漫長的冬季已經接近尾聲，次年四月，春天的氣息已然悄悄地降臨到了聖彼得堡。

但是，阿佛烈的食慾卻明顯地下降，身體消瘦，最終胃病犯了，並且病情相當嚴重，根本無法再工作。

在父母的一再堅持下，一八五四年夏，阿佛烈被送到波希米亞的弗蘭第斯巴特溫泉去療養。

靠近阿爾卑斯山的這個小鎮，空氣新鮮，風景秀麗，每天可以縱觀群山、浸泡溫泉、沐浴陽光。醫生認為，那裡溫暖舒適的環境對阿佛烈的病情恢復很有幫助。

在弗蘭第斯巴特期間，阿佛烈經常到野外和林中散步，到梅拉倫湖去釣魚，時間就這樣一天天地過去了，阿佛烈的健康也在快速恢復。他希望自己可以儘快康復起來，回到家中幫助父親打理工廠的事務。而此時，由於克里米亞戰爭的爆發，工廠

接受了俄國國防部的大量訂單，父親伊曼紐也同樣急於要他回來幫忙。

於是，身體剛剛恢復的阿佛烈回到了聖彼得堡的家中，全家人都樂不可支，慶祝阿佛烈的身體恢復健康。其實，在療養的這段時間裡，阿佛烈並沒有完全閒下來，而是學習了德語，並且德語已經說得相當流利了。

阿佛烈又回到了父親的工廠。在工廠中，阿佛烈與哥哥們既是父親的好幫手，又有廣闊的天地進行實踐訓練。而他們也充分利用了這一機會不斷提高自己。路德維希·諾貝爾在晚年時曾經寫道：

「我在任何一家工廠，都沒有像一八五四年到一八六零年那段時間那樣具有旺盛的精力，才藝也得到充分發揮。這幾年簡直是忙個不停地發狂工作。假如說世上還有賣勁大而報酬微的事，那麼，我也毫不懷疑。」

與其他年齡差不多的人相比，不管是在知識還是在精神方面，阿佛烈都已經明顯地出人頭地了。他是一位經過科學訓練的化學家；他是一位精通德語、英語、法語以及瑞典語和俄語的語言學家；他有著強烈的文學愛好，特別是對英國文學非常感興趣；他的人生觀的基本面貌也已經充分發展形成了。從這一時期的通信中，人們

（二）破產

可以看出，此時的阿佛烈已經成長為一個早熟、聰明、多病、富於幻想和性格孤獨的內向青年了。

然而，隨著一八五六年三月《巴黎和約》的簽訂，克里米亞戰爭在俄國戰敗的結局之下結束了。曾向諾貝爾工廠訂貨的沙皇尼古拉一世也死去了，新政府撕毀了全部的訂貨合約，在戰爭中一再擴大的工廠設備一下這就失去了利用價值。於是，這家擁有一千多名僱員的大規模工廠突然遭到了厄運。

對於這場戰爭，二十二歲的阿佛烈在一八五五年九月十三日寄往瑞典的一封信中寫道：

「這個地方當然不會給我留下任何一種愉快的回憶。」

一度繁榮忙碌的諾貝爾工廠終於在無可奈何的情況下被迫停工了。諾貝爾父子工廠迅速轉產，只生產蒸汽機這種產品。伊曼紐為航行於窩瓦河和裏海的首批班輪設計生產了二十台蒸汽機，但工廠仍然處於困窘而難以自拔的狀態。

在這種情況下，精通外語的阿佛烈被派往倫敦和巴黎，去見那些可能願意提供貸款的銀行老闆。

可是，非常不幸，阿佛烈空手而歸。在一八五八年。在那些毫無同情之心的債主擺佈下，伊曼紐只有再次宣告破產。

一八五九年，在移民到俄國的二十多年來，對俄國機械工業做出過卓越貢獻的伊曼紐不得不離開俄國，回到家鄉瑞典去了。

回到瑞典時，伊曼紐同二十二年前剛到俄國時一樣貧窮。而同他一起回國的，有他的妻子卡羅琳娜和他們在俄國出生的三個孩子中唯一一個活著的兒子埃米爾。

（三）重新發展

父親伊曼紐離開俄國後，為了盡可能地挽回一點局面，把熟悉工廠事務的三個兒子留在了聖彼得堡。

一八六零年，留在俄國的羅伯特和路德維希合租了繆勒將軍的一所住宅，並且設立了一個辦事處。這裡的房租並不便宜，兩人之所以這樣做或許是為了維持面子，不至於在債主和顧客心中的聲譽一落千丈。

（三）重新發展

但房租卻是一件讓兄弟倆很為難的事，為了省錢，兄弟倆的生活十分簡樸，羅伯特每天的生活費用都不超過一盧布。而阿佛烈又經常患病，有一次又患上了急性肋膜炎，羅伯特和路德維希沒有錢幫他醫治，簡直是焦急萬分。

羅伯特是一名建築師，因此工廠破產後，他開始在外面承辦各項建築業務。一八六零年的大部分時間，羅伯特都從事著重建科里洛夫輪船的工作，後來這艘輪船航行在聖彼得堡附近，但由於經營業績不好，這年秋天，羅伯特又將它改造成為水上鋸木廠。

一八六一年，羅伯特與一位芬蘭的女子結婚了。由於妻子不喜歡住在俄國，加上自己的事業也不理想，半年後他們便離開了聖彼得堡前往赫爾辛基定居了。

在父親伊曼紐離開俄國回瑞典時，法庭指定路德維希清理諾貝爾父子工廠的債務。精明能幹的路德維希幹得很出色，使所有的債主都感到很滿意，並因此取得了五千盧布的獎金。

不久，路德維希就開始創辦自己的事業，用大部分的所得獎金在距離聖彼得堡不遠處的威布爾格建立了一家小工廠，靠著過去諾貝爾一家與軍方的交情，得到了不少訂單。

在克里米亞戰爭中，保衛塞瓦斯托波爾要塞的英雄托特勒本現在已經擢升為陸軍工程署的監督人。他覺得以前虧待了諾貝爾一家，因此現在答應路德維希，會將陸軍部門的大量訂單都交給路德維希的工廠來完成。正是依靠這家小工廠，路德維希的事業開始日漸發展起來。

路德維希工廠主要生產各種兵器和戰時應用的物資，如步槍、手槍、大砲、炮架、水雷、地雷及其他軍事裝備等。但是，路德維希也意識到，自己的工廠並不能完全依賴軍用物資，父親工廠的破產就是前車之鑑。所以，他還大量生產其他產品，如工業上的生產工具鑽床、鏜床等。

在一八六零年到一八七零年的這十年間，路德維希都致力於製造步槍和手槍。在一八六七年到一八七零年，按照當時先進的克爾和克林卡的方法，路德維希的工廠製成了滑膛槍十萬支。這種槍是從前膛裝彈改為後膛裝彈的。路德維希還進一步提出了改進槍膛裝彈的方式，儘管最終未被採用，但這一改進卻是關於裝彈問題最有意義的一項發明。

（三）重新發展

一八七一年，路德維希又與幼年時的朋友比德林陸軍上尉奉命在伯爾姆附近的伊舍夫國家工廠組織生產了二十萬支來福槍。

兩人共承租工廠八年，一切機械用具都由路德維希的工廠提供，同時他還親自監督工廠的工程師和工頭們指揮生產。而政府也不斷增加訂單量，結果八年內共生產來福槍四十五萬支，為沙皇亞歷山大二世的軍隊「現代化」做出了重要貢獻。

再來說說阿佛烈。在一八五七年時，雖然父親的工廠已經瀕臨破產，但阿佛烈還在那裡工作。而他在技術上的第一個發明，也是在一八五七年自行設計的氣量表，在聖彼得堡還取得了專利。一八五九年，他又發明了流體計測器和氣壓計，並獲得了專利。

雖然這幾項發明在當時並沒有產生廣泛的影響，但卻已經顯露出阿佛烈的發明天賦。此後，阿佛烈又專門投身於炸藥的研究，並為此而貢獻了自己的一生。

第五章　家族工廠破產

第六章　與火藥結緣

一個沒有書本和墨水的閒居者，等於是一具有生命的殭屍。

——諾貝爾

(一) 接觸硝化甘油

在十九世紀六零年代，歐洲在物理學、化學和機械學等領域都取得了長足的發展，工業、建築業和運輸業也都出現了快速發展的跡象，但技術的發展速度卻十分緩慢。而且由於對煤炭和原料需求的增加，也迫切地需要採用更加有效的辦法來開採，世界各地的大型工程項目也急需以更好的技術手段來施工。

在那時，傳統的黑色炸藥是人們熟知的一種炸藥，但它缺乏威力，不能適應社會的需求，因此人們都迫切地希望能夠發明一種比黑色炸藥更有威力的炸藥。

此時生活在聖彼得堡的阿佛烈一邊當哥哥們的助手，一邊忙於自己的發明研究。雖然在俄國的生活還算不錯，但阿佛烈已經快待不住了，他很想自己出去闖蕩闖蕩。

就在一八六一年二月，阿佛烈收到了父親伊曼紐的來信，信是這樣寫的：

親愛的阿佛烈，我和你的媽媽一直祝福你身體早日康復，想必我們的兒子已經如我們所願。現在，在正在著手進行齊寧教授所說的硝化甘油的研究，你那邊的工作進展如何？這件事比預料中的要困難許多，但我相信，我一定能夠找出一個正確的

（一）接觸硝化甘油

答案，我相信你也會成功的。

父親信中提到的「硝化甘油」讓阿佛烈陷入了沉思。

硝化甘油的發現，是在多位科學家不懈努力的基礎上獲得的成果。最終，義大利化學家索伯雷洛發現了它，將其稱為「爆炸甘」。

索伯雷洛在法國留學時，曾受到貝魯斯教授的指導，進行了有關硝酸與其他物質相互作用的研究工作。

大部分物質在與硝酸作用時，都產生了爆炸的特性。當索伯雷洛將甘油、硝酸、硫酸互相混合時，發現這是一種能產生強烈爆炸力的液體，因此，他將這種液體命名為硝化甘油。

此後，索伯雷洛和醫藥化學家德弗理發現，硝化甘油對於治療心絞痛等還具有一定的療效，因此在硝化甘油發現後的十多年間，它一直都作為一種藥品在醫藥界得到廣泛應用。不過，由於深感這種物質的可怕，索伯雷洛並沒有對其進行進一步的研究。

在一八五四年時，齊寧教授就提出了用多孔物質吸收硝化甘油的設想，但因為害怕試驗的危險性，也一直未能將設想付諸實施。

有一次，齊寧教授帶著一小瓶硝化甘油帶給諾貝爾父子看。從表面看，這種黃色的液體並沒什麼奇特的地方。然而當齊寧教授將它倒一點在鐵氈上，並拿錘子捶打時，受捶打的部分立刻就發生了爆炸；再向一塊鐵板上倒一小滴硝化甘油，用火一點，硝化甘油「呼」地一下子就燃燒起來。

這一實驗對諾貝爾父子產生了巨大的吸引力。齊寧教授告訴諾貝爾父子，如果能想出什麼切實的辦法控制硝化甘油的爆炸，那麼它必然能夠在軍事上產生大用處。

在克里米亞戰爭中，伊曼紐在試製水雷時，就需要比黑火藥更有威力的炸藥，這時他想到了硝化甘油，但第一次實驗卻失敗了，從此他就將這件事擱置下來。

性格內向的阿佛烈喜歡默默無聞地工作，在收到父親的來信後，他就暗下決心，一定要早日將研究硝化甘油爆炸的試驗進行成功。

（二）試爆

為了儘早完成硝化甘油爆炸試驗，阿佛烈仔細地研究了早先公開的各種研究報告，並根據發現者索布雷洛的說法，製作一條含有黑色火藥的線芯作為導火線，讓它具有一定的長度。將它點燃後，人馬上跑到安全的地方，導火線就可以引爆硝化甘油。

於是，阿佛烈開始進行實驗。他將做好的一根長長的導火線的一端插入裝有硝化甘油的小容器中，又小心翼翼地從遠處在導火線的另一端點火。結果，硝化甘油並沒有發生爆炸，導火線在產生一些小小的火星後就熄滅了，只在插導火線的小孔中噴出一點硝化甘油。

此後，阿佛烈進行過多次試驗，都以失敗告終。於是，他又重新開始研究索布雷洛的實驗結果：

「將硝化甘油置於盤中，再由底部加熱，能夠產生爆炸。」

阿佛烈將這句話與以前齊寧教授所做的實驗聯繫起來，得出了這樣一個結論：必須讓全部的硝化甘油同時加熱或同時受到敲擊，才會發生爆炸。要讓少量的硝化甘油做到這一點很容易，但在爆破岩石或水雷時，要讓大量的硝化甘油都受熱或敲擊產生爆炸就十分困難了。

面對這個難題，好長時間阿佛烈都沒有找到解決的方法。

後來，在瑞典的父親又給阿佛烈寄來了一封信。在信中，伊曼紐讓阿佛烈去拜訪托特勒本將軍，說服他對新型炸藥產生興趣。

讀到父親的來信，阿佛烈沉思了許久，他心裡既欽佩父親東山再起的勇氣，又暗暗對父親有一絲的不滿。因為用硝化甘油研製炸藥是一件很複雜的事，而且困難重重，不僅要有面對挑戰的勇氣，更需要有嚴謹、科學的態度。而父親雖然不乏激情和衝勁，但卻常常意氣用事，而且過於主觀自信，容易把自己想像的當成現實。這顯然不是從事科學研究的最佳態度。

但是，阿佛烈又不忍心違背父親的心願，只好請求將軍接見。在私底下，阿佛烈又不想讓將軍失望，況且父親所熱衷之事對陷入困境的諾貝爾家族來說也是個不錯的機會。

（二）試爆

因此，阿佛烈開始冥思苦想，試圖找出引爆硝化甘油的方法。在接下來的幾週裡，他都是在實驗室中度過的，潛心進行研究和實驗。

一八六二年五月，當羅伯特到聖彼得堡來看望兩個弟弟時，阿佛烈告訴兩個哥哥，自己已經解決了這個難題，其方法就是將兩種炸藥以某種方式結合起來，以加強黑色炸藥的威力，至少在水裡的爆炸可以這樣進行。

不久，阿佛烈就在路德維希的工廠裡選了一條水溝進行試驗。他先將硝化甘油注入一個玻璃管當中，然後將玻璃管塞緊後放在一個裝滿黑色火藥的金屬管當中，再將金屬管的兩端塞緊，插入一根導火線。在點燃導火線後，將整個裝置擲入水中，結果發生了劇烈的爆炸。

實驗雖然成功了，但阿佛烈卻認為實驗並不完善，還需要進一步的研究。因為他所用的引爆火藥太多了，無法在實際工程中推廣使用。

但是，這依然是一次用火藥引爆較少硝化甘油的試驗，雖然所用的火藥較多，它還是第一次證實了引爆硝化甘油的原理。

(三) 發明雷管

與此同時，父親伊曼紐也在不斷進行著硝化甘油的爆炸實驗。一八六二年，伊曼紐按照索布雷洛的方法生產了硝化甘油，然後他在黑色火藥當中摻入百分之十的硝化甘油，從而產生了一種威力十分強大的新式炸藥，他把它稱為「強力炸藥」。

在獲得一些成果後，伊曼紐便開始催促阿佛烈回瑞典一起進行實驗。加上路德維希的勸說，阿佛烈只好動身回到斯德哥爾摩。他對父親發明的新型炸藥也充滿了期待：父親所發明的炸藥威力究竟有多大呢？

這時的伊曼紐一家住在斯德哥爾摩的一所平房當中，距離他們赴俄國之前的住所不遠。伊曼紐的工作室既是實驗室，又是辦公室，到底都是桌椅、試管和紙張等。

伊曼紐的體力和精力已經從過去的失敗中徹底恢復過來了，他依然充滿熱情和自信。母親卡羅琳娜看到分別許久的阿佛烈身體很健康，也鬆了一口氣。

一八六三年，阿佛烈與父親伊曼紐為軍方在卡爾堡舉行了一次實驗，但事實證明，伊曼紐研製的炸藥並沒有他鼓吹得那麼了不起。這種黑色火藥和硝化甘油的混

（三）發明雷管

合物只有在新鮮的狀態之下，並且按照普通的方式點火時，才能發生有力的爆炸。一旦混合物放置數小時之後，硝化甘油就會被具有吸附性的黑色火藥吸收到孔隙當中，混合物的爆炸威力也就要大打折扣，燃燒也會減緩。

其實，阿佛烈早就預感到父親的方法行不通，要想解決硝化甘油的問題，還得另謀蹊徑。他決定沿著自己的思路對硝化甘油進行摸索和研究。

從此，阿佛烈便與硝化甘油結下了不解之緣，而且他後來的所有與炸藥有關的重大發明，都是以硝化甘油為基礎的。

在實驗過程中，阿佛烈以驚人的毅力和耐心進行研究探索。大哥羅伯特聽說阿佛烈為了科學研究可謂廢寢忘食，身體也越來越不好時，特意從芬蘭寄來了一封信，勸說阿佛烈放棄這項研究，不要將精力浪費在這種沒有希望的事情上。羅伯特相信，如果阿佛烈將自己淵博的學識和非凡的才智應用到更嚴肅、更現實的領域中去，一定可以獲得一番成就的。

儘管試驗也在不斷失敗，但阿佛烈並沒有放棄，凡是他認定的事情，他就絕不會輕易認輸。

就在這時，阿佛烈的弟弟，二十一歲的埃米爾也加入了硝化甘油的研究行列。與諾貝爾家族的其他人一樣，埃米爾在化學、物理等方面也表現出了非凡的天賦和熱情。他聰明好學，平時沉默寡言，但卻異常聰穎伶俐。只要稍加點撥，他就能迅速地領會父親和哥哥們的教導。

父親伊曼紐十分疼愛這個小兒子，希望他長大以後能夠有所建樹，因此經常讓他去阿佛烈的實驗室去看看，幫助阿佛烈進行試驗。在這期間，埃米爾發現，顆粒狀的炸藥為硝化甘油所滲透，就會產生更強大的爆炸力。這一發現也為新炸藥的研製做出了重要貢獻。

為了找到引發這種小規模爆炸的最佳方法，阿佛烈進行了五十多次的反覆實驗，實驗和研究終於也打開了局面，「雷管」終於被發明出來了。

這種雷管不但能夠引起硝化甘油的爆炸，還能夠很容易地使任何火藥確鑿無誤地爆炸。這一發明為一個大工程提供了強大的動力，當時正在修建一條橫穿納雷達山脈的鐵路，而應用了阿佛烈製造的硝化甘油炸藥後，使整個工程的進度都加快了，節省了大量的人力花銷。

（三）發明雷管

一八六三年十月十四日，阿佛烈在瑞典為他的第一項劃時代的發明申請了專利，並順利地透過審核。隨後，他的發明相繼在法國、英國和比利時取得了專利。

一八六五年，為了提高炸藥的效能，阿佛烈又改動了雷管的裝置方法，將原來的小木管換成一個裝著起爆水銀的金屬管。透過這種所謂爆炸管的發明，「原始點火原理」被應用到爆炸物技術方面，這個原理使有效地利用硝化甘油、烈性炸藥成為可能。也正是這個原理，為日後研究各種炸藥的爆炸特性提供了極大的方便。

直到二十世紀，一些著名的科學家仍然將阿佛烈的這一項發明稱為「自從發明火藥以來，在爆炸物科學方面最偉大的進展」。可以說，阿佛烈．諾貝爾僅僅因為這項發明，就足以在整個炸藥的發明史上留下光輝的一頁了。

第七章　悲慘的爆炸事件

沒有工作簡直受不了，工作使一切美化，思想能創造新的生命。

——諾貝爾

（一）弟弟被炸死

由於發明了雷管，使硝化甘油可以安全地用於礦山、隧道的爆破工程，因此，阿佛烈高興地帶著這項發明回到了斯德哥爾摩。

回來後，阿佛烈便與父親商量，是否可以共同組建一個諾貝爾硝化甘油公司。這個想法雖然很好，但卻缺少資金。於是，阿佛烈又離開斯德哥爾摩前往法國，四處拜訪巴黎的銀行，向他們說明硝化甘油的研究是一種具有偉大前景的事業、但是，沒有一家銀行願意貸款給他。

不過，上天不負有心人。當法國國王拿破崙三世聽說了阿佛烈發明了強力火藥的事情後，非常感興趣，認為硝化甘油在軍事將會有廣泛的用途，因此認為銀行應該貸款給他，以幫助他發展事業。

阿佛烈因此而獲得了十萬法郎的貸款，他愉快地回到斯德哥爾摩與父親開始籌建工廠。

一八六三年，在阿佛烈年滿三十歲時，諾貝爾火藥工廠正式開始製造硝化

(一) 弟弟被炸死

甘油了。

剛開始時，工廠裡只有五六個員工在伊曼紐和阿佛烈的指揮下，每天忙碌地從事硝化甘油的製造工作。由於當時肥皂工業十分發達，而在製造硝化甘油的過程中所需的原料甘油又是肥皂工業的副產品，所以價格低廉，可以大量收購。

隨著訂貨量的迅速增加，靠這家小小的工廠已經無法應付了。如果不僱人，就根本沒有辦法完成大量的訂貨，而且還要想辦法購進相應的大量原料和藥品。而且，阿佛烈還要在進行生產的同時繼續思索各種問題，進行他的試驗。

第二年，工廠的發展十分迅速，訂單量也一天天增加。就在工廠缺少人手的時候，在大學讀書的埃米爾放暑假回來了。這個二十一歲的聰明小夥子一回來馬上就成了阿佛烈的得力助手，每天熱心地協助哥哥從事研究工作。

埃米爾很尊重自己的哥哥阿佛烈，而阿佛烈也十分疼愛這個小弟弟，甚至超出了兄弟的情誼，如同父親一般呵護照顧他。因此，埃米爾每天出入於阿佛烈的實驗室，既幫助哥哥做一些力所能及的工作，同時也認真地從事一些硝化甘油製造過程的簡化研究。父親對埃米爾的努力也表現出了十分讚賞的態度。

第七章　悲慘的爆炸事件

一八六四年九月三日這天，阿佛烈要到城裡去簽訂一份合約，不得不離開工廠。由於之前埃米爾跟著父親和阿佛烈接觸過硝化甘油，所以阿佛烈出門時就很放心地將工廠的事情託付給弟弟埃米爾照看。

一般情況下，硝化甘油是沒有什麼危險的，即使由於粗心大意將它點燃也沒什麼關係，因為硝化甘油只會迅速燃燒，不會發生爆炸。

埃米爾對於硝化甘油的製作方法已經爛熟於心了：每次將四五克硝酸和雙倍的硫酸混合，冷卻之後再取兩三克甘油一滴滴加入。每一步都需要極其細心，然後將合成的液體整體倒入磨缸水裡，再從水裡分離出灰白色的油狀硝化甘油。

今天，埃米爾的工作就是負責將甘油淨化之後滴入硝酸和硫酸的混合液體中去。然而，平時埃爾特只給哥哥噹噹助手，今天趁哥哥不在，他決定自己好好動手實踐一番。想到這裡，埃米爾心情就很愉悅，還吹起了輕快的口哨。

此時，父親伊曼紐和母親卡羅琳娜正坐在舒適的飯廳當中，靜靜地享受著甜美的早餐。陽光從窗戶射進來，今天是個不錯的好天氣。

突然，從附近的實驗室中傳來了一聲雷鳴般的爆炸聲，緊接著便是一根沖天的火柱將這個簡易的實驗室包裹得嚴嚴實實。

等伊曼紐和卡羅琳娜夫婦趕到工廠時，眼前的一切簡直難以置信：工廠變成了一片燒焦了的瓦礫，場面慘不忍睹。在廢墟當中，躺著五具面目全非的燒焦的屍骸，除了年輕的化學師、一位打雜工、一位女工和一位不幸的過路人外，還有老人最親愛的小兒子埃米爾。

茫然無助的母親久久地抱著已經停止了呼吸的埃米爾，頹然地坐在地上，放聲痛哭。伊曼紐也經受了一生當中最致命的一次打擊，他當場便昏了過去。

慘劇發生後，得知噩耗的阿佛烈心急如焚地趕了回來，一面撫慰悲痛欲絕的雙親，一面還要應對警方的調查和檢查機關的傳訊。

為了保護阿佛烈，父親忍著悲痛為他做了書面辯護，將事故的責任都推到死去的小兒子埃米爾身上。

為了防止類似的爆炸事件再次發生，市政當局最後做出禁止在城區內進行一切與炸藥有關的實驗和生產的決定，此案也算就此了結了。

(一) 弟弟被炸死

心愛的弟弟被炸死，遭受打擊的父母都得了重病，阿佛烈忍受著巨大的悲痛，儘管如此，他依然沒有放棄硝化甘油的事業。硝化甘油越是不聽話，阿佛烈就越是要將它徹底馴服，讓它為人類造福。

（二）開辦工廠

爆炸事故發生後，引起了人們極大的恐慌，附近的居民更是一天到晚惶惶不安。同時，這次災難也讓阿佛烈嘗到了失去親人的痛苦，但卻也給阿佛烈帶來了事業上的傳記。一點點的硝化甘油就能讓一座結結實實的工廠霎時間夷為平地，事實擺在眼前，硝化甘油無疑是一種威力巨大的物質，極具市場潛力。

爆炸案嚇跑了那些膽小的群眾，卻也吸引了不少具有投機意識的有錢人，他們都看好了硝化甘油的巨大市場潛力，深信這一產品定能為他們帶來豐厚的利潤，因此都紛紛表示願意幫助阿佛烈將新產品投入市場。

不久，阿佛烈就在一位瑞典投資商斯密特的資助下成立了一個新公司。由於在城內設廠已經被明令禁止，阿佛烈便靈機一動，將工廠設在了斯德哥爾摩的湖面上，

（二）開辦工廠

工廠的主體是一艘駁船。

「這樣做不但能節省運費，還能消除陸路運輸硝化甘油時的許多危險因素，真是一舉兩得啊。」

現在要做的，就是馬上買下一艘駁船，然後將工廠的主體部分安置到船上就可以開工了。

就這樣，阿佛烈買下了一艘廢棄在湖畔的平底駁船，成立了他的「船上工廠」。很快，這艘船就開始投入使用了。

可是，就在工廠即將開工的時候，附近的船隻又提出了反對意見。無奈之下，阿佛烈又只好把這座浮動工廠移到其他地方。

可是，「船上工廠」移動到哪裡，哪裡就會引起一陣抗議和騷動。最後，「船上工廠」移到了湖心才算安定下來，並開始批量生產產品。一個後來對世界產生巨大影響的跨國公司，就這樣在一艘廢棄的駁船上邁出了艱難的第一步。

很快冬天就來了，湖面上寒風凜冽，十分寒冷，「船上工廠」也無法再繼續工作了。直到一八六五年三月，經過阿佛烈的各方奔走，加上瑞典北大鐵路工程施工的需要，瑞典政府才批准諾貝爾公司在遠離斯德哥爾摩的一處荒郊溫特威坎建廠。從這時起，阿佛烈才將他的小工廠從那艘廢棄的駁船上遷到溫特威坎，建立真正的工廠。

此後由於生產規模的不斷擴大，阿佛烈聘請大哥羅伯特和童年時代的好友阿拉里克．利德伯克工程師來公司幫助管理和經營。

工作和勤奮是阿佛烈的生活指導原則，現在，這一原則也發展到了一種登峰造極的程度。他每天都不知疲倦地到處奔走，到採石場和礦山等未來的賣主那裡，去表演他的爆炸程式。

為了做廣告推銷公司的產品，阿佛烈在那些日子裡還做了一件十分不平常的事：向各地郵寄散發詳細的使用說明書。儘管由於使用者的馬虎大意，偶爾也出現一些安全事故，但大型的礦業公司和國家隧道工程在使用過程中還是很成功的，這就大大地節省了時間和勞動力，從而增加了人們對硝化甘油和這種革命性雷管的普遍興趣。

漸漸地，礦務界和技術刊物也都開始以一種尊重的態度來對硝化甘油進行評價和

（二）開辦工廠

討論了，國外也很快有來信詢問。

硝化甘油的利用，曾解決了當時最大的工程問題之一，即建築越過內華達山脈的中太平洋鐵路。在黃色炸藥發明專利權（一八六八年）出現之前，這家鐵路公司曾長期使用著流體的硝化甘油。除此之外，他們就從來沒有用過黃色炸藥。而阿佛烈關於硝化甘油能夠引爆的發現對這一家公司來說，就節省了幾百萬美元的資金。

經過阿佛烈的辛苦奔波和耐心說明，並進行了大量安全有效、威力強大的實驗之後，幾乎所有的人都改變了對硝化甘油炸藥的看法，轉而對硝化甘油炸藥感興趣起來。

在這期間，以溫特威坎的工廠為起點，阿佛烈的瑞典硝化甘油公司在其他地方也陸續開辦了四家工廠，其中則以溫特威坎的工廠連續生產時間最長，一直達到五十年之久。

（三）連串爆炸

硝化甘油在製成以後，需要反覆清洗，除去殘存的酸質後才能確保使用和運送的安全。但是，當時因技術有限，只能用試紙粗略地檢驗清洗，難以確保產品的純度；同時，包裝也比較落後，再加上當時人們對新炸藥並不瞭解，對於阿佛烈所告誡的種種注意事項也不全放在心上。每次裝運時，貨箱上都標有「小心輕放」的字樣，但這樣的炸藥看起來似乎毫無危險。因此硝化甘油在上市以來，總是不斷地發生爆炸事件。

一八六五年十二月四日，德國漢堡的一家報紙刊出了紐約發生爆炸的事件。一位德國籍推銷員將一瓶十磅的硝化甘油小心翼翼地放在一個箱子中準備推銷，他住進倫敦格林尼治地區的一家小旅館當中。

在第二天付清帳離開旅館時，他就把放油硝化甘油的木箱交給搬運行李的工人看管，等他過幾天回來取。這位工人不知道木箱裡面裝的是什麼，所以也不在意，有時將這個木箱當成坐凳，擦皮鞋時就當成腳墊。

（三）連串爆炸

在一個晴朗的早晨，一位旅館服務員無意中看到從箱子裡冒出紅色的氣體來，就建議將這個箱子扔掉。於是，這位搬運工人就把這個箱子搬出儲存室，放在了外面的街道上，自己回旅館去了。結果就在這一瞬間，只聽一聲巨響，箱子被炸開了，鄰居們的門前都受到了嚴重的損害，門窗也都被炸得粉碎，街道的地面也被炸了一個深達四尺的大坑。

就在這件事發生後的一個月左右，一次更為驚心動魄的爆炸震撼了德國的布萊梅港，約有兩百人受傷，二十八人死亡。

不過，這次事故並非疏忽，而是一個心懷鬼胎的美國人在作祟。他將一批貨物交給一艘德國輪船託運，並在運輸前買下了巨額保險。當這艘開往美國的輪船即將起航時，他在船上暗藏了一個裝有硝化甘油的裝置，企圖在運輸途中炸毀輪船，騙取巨額保險費。

然而他的如意算盤最終落了空，這枚自製的土炸彈比他預想的提前爆炸了，結果連他本人也在爆炸中丟了命。

一八六六年三月四日，在澳大利亞的雪梨，存放有兩箱硝化甘油的貨站完全被炸毀，鄰近的幾座房子也都被震塌，並有一些人員傷亡。

一八六六年四月三日，巴拿馬大西洋沿岸的阿斯呂瓦爾又發生了一次猛烈的爆炸事件，「歐洲」號輪船完全被炸毀。這艘船上就裝有硝化甘油和其他軍火，是準備經過巴拿馬海峽運到太平洋的。在這次爆炸事件中，共有七十四人死亡，大量的戰備物資被炸毀。

一八六六年四月十六日，另一艘載運著一批硝化甘油的船經過同樣的路程前往舊金山，在卸貨後堆存在威爾斯─法戈公司的倉庫裡後來發生爆炸。爆炸就像地震一樣，震撼著四分之一英里的範圍。爆炸還導致七人當場死亡，十多人受傷。數百英呎之內都看不到一扇完整的窗戶。威爾斯─法戈公司的建築以及附近的一切，都通通被炸成了碎片。

後來的報導證實，這一爆炸事件的發生是由於一個漏油的硝化甘油箱子在搬運時受到震動導致的，當時收貨人因那個箱子損壞嚴重而拒絕接受。

接踵而來的爆炸事故嚇跑了許多主顧，各地政府也紛紛制定相關的規定，限制硝化甘油的進口和運輸。

（三）連串爆炸

社會的恐慌和政府的壓力，必然會對硝化甘油的生產和銷售產生影響，而且，硝化甘油的安全性問題也日益凸顯，阿佛烈也面臨著新的挑戰：如何才能製造出一種安全的炸藥，使其成為一種既有巨大威力、又安全可靠的產品呢？他很清楚，只有解決了硝化甘油的安全性問題，它才能得到最有效的應用，從而為社會造福。

第八章 研製安全炸藥

科學研究的成功和不斷的發展使我們有理由相信，軀體和靈魂的細菌很快會被滅絕，將來人類對這些細菌的戰爭將是唯一的戰爭。

——諾貝爾

（一）最佳添加物

從不斷發生的爆炸事故中，阿佛烈也給自己確定了新的研究課題：製造出一種安全的炸藥，使它可以用雷管引爆，這樣在運輸或貯存中即便受到撞擊、遇熱也不會爆炸。

首先，阿佛烈從研究硝化甘油的安全運輸入手。

一開始，他在無爆炸性的溶劑甲醇中加入硝化甘油，相信已經得到了滿意的結果，認為如果加入足夠量的甲醇，就可以使硝化甘油和甲醇的混合物在運輸過程中不會發生危險。在應用前，先將混合物倒入水中，甲醇溶於水，而甘油不溶，這樣就可以除去甲醇，使應用爆炸油的人不至於遇險。

另外，加入甲醇還能防止硝化甘油在運輸或貯存過程中凍結。

可是，這樣做的缺點是過程過於繁瑣，沒有人願意用麻煩的東西，而且炸藥本身以液態出現也實在不方便。

阿佛烈又提出可以將它們冰凍，然而面對的問題是：在氣溫高一點的地區依然行不通。

「與黑火藥可以混合嗎？」在研究過程中，阿佛烈的助手問他。

「這個方法我父親曾經試驗過，但因為黑火藥不太容易吸收硝化甘油，所以不是十分理想。」阿佛烈說。

「可是，它一定要與其他物質混合才行，否則怎麼能夠成為固體呢？」

「你說得很對！我以前怎麼沒有想到這一點呢？我就將硝化甘油與其他物質混合起來試一試。」阿佛烈彷彿找到了新的思路。

伊曼紐就曾經用黑色火藥與硝化甘油混合，嘗試製造新的固體炸藥，但就是由於沒有找到合適的吸附劑，才最終失敗。這一次，阿佛烈吸取父親的經驗，決心研製出一種新的吸附劑，使它能夠吸收硝化甘油，又能讓炸藥保持較大的爆炸力，同時還要製造簡便、貯運安全。

（一）最佳添加物

剛開始時，阿佛烈發現，用鋸木屑混合硝化甘油可以引起爆炸，但木屑粉卻不是很容易吸附硝化甘油，因此爆炸力也相對較小。於是，他又用土、陶粉等混合，進行各種各樣的混合實驗。

阿佛烈一邊潛心研究混合物，一方面又到他曾經學習過的美國去調查爆炸事件的情形。在美國的調查結果要遠比他想像得更嚴重，阿佛烈簡直是觸景生情，想起來可憐的弟弟埃米爾，十分難過。

「無論如何，我一定努力研製出一種安全的硝化甘油炸藥。我怎麼能眼睜睜地看著那些無辜的生命一再地犧牲呢？」

阿佛烈在回到德國的克魯伯工廠後，更是無時無刻不在思考著製造安全的硝化甘油的事情。這時候，大哥羅伯特給他寄來了一封信：

阿佛烈，你用木炭粉加入硝化甘油的構想的確很正確，混合了木炭的硝化甘油無論在運輸還是使用上，都比液體時方便安全，而且威力也沒有減弱。看來，你期盼的東西已經產生了。

原來羅伯特已經做過實驗了，但阿佛烈還在思考：有沒有比木炭粉更好的混合物呢？

老天總是眷顧那些有所準備的人，阿佛烈的毅力和努力也終於換來了成功。在一個偶然的機會下，阿佛烈茅塞頓開，終於找到了最佳的混合物質。

（二）達納炸藥

有一天，阿佛烈無意中發現一隻馬口鐵罐出現了滲漏，黏糊糊的硝化甘油從鐵罐中淌了出來，剛好流到下面的矽藻土中。

遇到了矽藻土的硝化甘油並沒有繼續流淌開去，而是很神奇地被矽藻土吸收了，形成了一團漿糊狀的東西。

看到這樣的情形，阿佛烈頓時精神萬分。為了驗證剛才自己所看到的沒有錯誤，他又從鐵罐中倒出一些硝化甘油，並且仔細觀察這些硝化甘油在遇到矽藻土之後所發生的變化。

一系列的變化讓阿佛烈意識到，他追尋已久的答案可能就在這種隨處可見的白色物質當中。阿佛烈按捺不住內心的激動，小心翼翼地收集了一些糊狀物，又捧了一大把矽藻土，飛快地跑回了實驗室。

在實驗室裡，經過多次試驗，阿佛烈最終找到了一種將「矽藻土」和硝化甘油攪拌起來的最佳方法。矽藻土是微生物的軀殼沉積下來而自然形成的一種非常輕的土，顆粒上有許多小孔，因而也具有很強的吸附能力，可以吸入硝化甘油，並且吸入硝化甘油的能力是木炭粉的三倍。硝化甘油被吸收後，就會與矽藻土合為一體，變成一種黏土狀的東西，剩下的就是要實驗它是否安全的問題了。

其實，在選用木炭粉還是矽藻土作為吸附劑的問題上，阿佛烈曾經過較長時間的考慮，他的哥哥羅伯特也曾經參與到這項試驗當中來。

阿佛烈發現，含有酸質的硝化甘油與木炭在一起時，可能會含有不安全的因素。因此，他下決心用矽藻土，因為它在吸足了硝化甘油後性能仍然穩定，晃動和衝擊都不會引起爆炸，用火燒也沒關係，只有用雷管才可以引爆。他讓一份經燃燒篩選過的矽藻土吸附三份硝化甘油，製成了處理方便、爆炸力強的安全炸藥，其爆炸力為一般火藥的五倍，比液體硝化甘油的威力減低百分之二十二，但它卻克服了以前炸藥對衝擊波及溫度變化過於敏感及不易搬運等特點。而且，它還有一個優點，就是能將炸藥裝入紙管，插入岩孔當中。

一八六六年，爆炸事件頻發，就連德國克魯伯的工廠也未能倖免。克魯伯工廠發生大爆炸後，給阿佛烈留下了一片廢墟。

(二)達納炸藥

這年十月,阿佛烈在克魯伯工廠的廢墟上建立了一個簡陋的小型實驗室,在裡面進行了多次試驗,以檢測用矽藻土作吸附物的安全性。

首先,他把吸附了硝化甘油的矽藻土團從高處拋下來,沒有發生爆炸;又把它放在鐵板上用鐵錘砸,依然還是沒有爆炸。如果是液態硝化甘油炸藥,這樣一定會發生強烈的爆炸。

為了使這種矽藻土和硝化甘油的混合物爆炸,阿佛烈又進行了各種實驗,最後終於得到了滿意的結果。

到了最後實驗爆炸效果的步驟,阿佛烈的內心感到十分緊張,他很擔心這最後一步的實驗會失敗。

他把用黏土搓成的棒狀矽藻土硝化甘油炸藥塞入洞中,然後用雷管點火。這時,這種吸入了硝化甘油的矽藻土終於發生了劇烈的爆炸,將岩石炸得粉碎。

阿佛烈日思夜想的安全而爆炸力強烈的炸藥終於被研製出來了。一直對阿佛烈的才能和勤奮堅信不移,並在遠方祝願他成功的父母,以及無論在任何時候都竭盡全力幫他的哥哥們,此時都為阿佛烈的成功感到由衷的喜悅。

矽藻土在漢諾威一帶十分常見，一開始根本沒有人注意它，自從阿佛烈用它做硝化甘油的吸附劑後，這種毫不起眼的白色物質一下子就受到了關注，被譽為「白色金子」，搖身變成了一種極有價值的新材料。

阿佛烈還給他新發明的安全炸藥起了一個名字——猛炸藥，音譯為「達納炸藥」。「達納」一詞源於希臘語，是「力量」的意思。一號猛炸藥含有百分七十五的硝化甘油，百分之二十五的矽藻土。不久後，阿佛烈又研製出了二號猛炸藥，含硝化甘油百分之六十六。

實驗證明，這種新型的炸藥非常容易馴服，硝化甘油的個性終於變得溫順了。

由於受到早年在克魯伯製造硝化甘油產生的一系列可怕後果的影響，阿佛烈這一次變得十分慎重。他又經過了幾個月的研究，直到認為滿意才結束。

一八六七年初，阿佛烈在德國為「達納炸藥」申請了專利。此後，人們都習慣性地將這種炸藥稱為「黃色炸藥」。它一經問世，就顯示出了非凡的威力，受到人們的廣泛歡迎。

(三) 膠質炸藥

「達納炸藥」的名字在世界各地不脛而走,以前曾對硝化甘油懷有恐懼感的人,曾指責、反對過阿佛烈的人,現在也都改變了看法。報紙也開始紛紛讚揚阿佛烈,稱他是「一位不向任何困難低頭的青年發明家」。

在「達納炸藥」發明之後,阿佛烈並沒有沾沾自喜,而是繼續研究和思索。他想再對「達納炸藥」進行改良,以研製出一種威力更為強大的炸藥。

達納炸藥的成分是硝化甘油和矽藻土,矽藻土雖然能夠吸入大量的硝化甘油,但它畢竟是土,本身不能燃燒,也不能爆炸。於是,阿佛烈就想:

「要是將矽藻土換成其他具有爆炸性能的物質,那麼炸藥的爆炸力不就更大了嗎?」

按照這種思路,阿佛烈又開始進行不斷的研究和實驗。

在一次進行實驗的過程中,試驗管不慎破裂了,阿佛烈的手也劃破了。助手費魯巴赫趕緊跑去拿急救箱,然後找來一塊名叫硝棉膠的貼在阿佛烈的手指上,但傷口還是很痛。阿佛烈覺得，這一定是有什麼東西滲過硝棉膠刺激到傷口了。

硝棉膠之所以能做貼布，是因為它能被弄成像漿糊一樣的薄膜。硝棉膠的主要成分是一種叫做硝化纖維的具有爆炸性的物質，想到這點，阿佛烈迅速地取出一點硝棉膠液，然後將它與硝化甘油混合到一起。

透過用各種比例混合進行試驗後，混合物最終形成了一種十分合適的狀態，即形成了像漿糊一樣的黏稠狀物質。阿佛烈經過驗證後發現，這種物質就像漿糊狀的硝化甘油，爆炸力也相當不錯。

這一意外的發現讓阿佛烈再一次雀躍不已。為了讓這種新的炸藥具有更加優良的性能，他又進行了很多次實驗。根據阿佛烈的實驗日記記載，他和助手們共進行了兩百五十次危險的實驗，同時還在阿佛烈的四個主要工廠反覆進行了更大規模的實驗。

阿佛烈將這種再次改良後的炸藥稱為「膠質炸藥」，並於一八七五年公佈，隨後便在英國、美國、德國等國家取得了專利權。這種炸藥不怕砸、不怕摔，點火也不會燃燒，所以無論是遠途運輸還是正常使用，都十分安全。而且由於膠質炸藥比達

（三）膠質炸藥

納炸藥的爆炸威力更強大，還可以很容易地用於任何重大工程，工作效率大大提高。

矽藻土炸藥及後來的改良型號，為世界帶來了一場具有深遠意義的革命。在黃色炸藥剛剛進入世界市場時，從前因時間和費用限制而不敢開啟的礦業、工業和交通運輸等工作，都很快開始動工。與此同時，阿佛烈的炸藥還為蒸汽機時代增添了一份耀眼的動力。現在，「黃色炸藥」是用硝化甘油作為主要成分的一百多種不同炸藥的總稱。

由於兒子的成功，伊曼紐也看到了他畢生都夢寐以求的炸藥終於進入了光輝燦爛的時代。一八六八年，是令伊曼紐和阿佛烈父子兩人感到無比驕傲的一年。這一年，瑞典皇家科學院授予諾貝爾父子萊特斯迪特金質獎章，這是專門用來表彰那些「在藝術、文學或科學領域作出巨大貢獻，以及那些對人類有實用價值的重要發現」的人的。此次頒獎，就是為了表彰諾貝爾父子所做出的「對人類具有實用價值的重大發現」。

其中，對伊曼紐的頌詞是：

「表彰他在使用硝化甘油作為一般性炸藥方面的貢獻。」

對阿佛烈的頌詞是：

「表彰他做出了達納炸藥這樣一種更為實用的發明。」

此時的伊曼紐雖然已經長期臥床不能動彈了，但在有生之年還能榮獲國家給予他的最高獎勵，心裡感到由衷的高興和滿足。而阿佛烈在事業上的成功，也讓父母在經濟上面得到更多的資助，從而心安理得地安享晚年。

在達納炸藥發明並逐漸投入使用後，阿佛烈的事業迎來了一個新的大發展時期。在瑞典、挪威和芬蘭的硝化甘油公司都立即擴大，以便大量製造這種炸藥。此時，阿佛烈對炸藥的興趣絕不低於幾年前對硝化甘油的痴迷。

但是，有關當局因出於安全考慮，仍然禁止進口這種以硝化甘油為主要成分的黃色炸藥。一些礦業人士則更喜歡那些便宜的液體炸藥，因為他們覺得那種炸藥性能更好。甚至有人說，黃色炸藥只不過是被沖淡了的爆炸油，是出售者為了獲得高額利潤而弄出來的東西。

整個十九世紀六零年代，人們都在激烈地爭論著這種黃色炸藥的性能。直到七零年代，黃色炸藥才逐漸站穩腳跟，並在實際上控制了市場。

第九章　進軍國際市場

人生最大的快樂不在於佔有什麼，而在於追求什麼的過程中。

——諾貝爾

（一）打開英國市場

自從一八六五年三月遷居德國漢堡後，六月，阿佛烈組建了「阿佛烈．諾貝爾公司」，並於這年冬季開辦了克魯伯工廠。

然而在一八六六年的一次爆炸事故中，克魯伯工廠被炸成了廢墟。後來因發明了達那炸藥，克魯伯工廠才得以重新恢復。

從一八六五年到一八七三年的這段時間中，阿佛烈的住宅和他的實驗室一直都設在工廠的所在地——克魯伯，而「阿佛烈．諾貝爾公司」的營業辦公室則設在德國漢堡。

克魯伯工廠所生產的達那炸藥透過漢堡這個歐洲當時最大的海港，源源不斷地運往德國各地，並且很快又銷往歐洲和其他海外市場。直到一八七零年，世界各地陸續建立起了一些新的工廠，基本上達到了自產自銷後，這種供貨業務才逐漸停止。

在一八六六年的春天，阿佛烈將克魯伯工廠的生產安排妥當後，便前往美國進行訪問。

（一）打開英國市場

同年的八月十四日，阿佛烈在美國取得了製造和使用硝化甘油的專利權，人們很快就認識到了生產它的可能性。由於爆炸油是在美國南北戰爭後進入美國市場的，當時美國正處於恢復和發展階段，要建立鐵路，向西部的黃金和石油產區擴展，因此，爆炸油在美國的礦業和民用工程方面得到了很大的拓展。

經過阿佛烈的不斷努力，雖然有些美國人極力反對使用硝化甘油，但他還是在美國開設了一家「美國爆炸油公司」，入夥了紐約的一些股東。

然而，「美國爆炸油公司」最終被一些股票經紀人控制了，變成了一家詐騙性的企業，情況十分嚴重。而且由於股東的詐騙行徑，阿佛烈對企業的組織和經濟調整也無法實現。他們將阿佛烈的配方略加改動，冠以高效炸藥、雙硝炸藥、大力士、鐵路炸藥等新名稱，然後競相進入市場。這不僅搶走了阿佛烈的市場，還威脅到了他的專利權。

無奈之下，阿佛烈不得不撤出美國，從此再也沒有去過那裡，並且還經常以批評和譏諷的口吻提到美國：

「我終於發現美國的生活絕不是愉快的。對金錢的過分追求，破壞了人與人之間的交往樂趣；為了那些想像的需要，而毀掉了廉恥感。」

當瑞典和德國的炸藥工廠業務發展得十分興旺之時，阿佛烈又給自己制定了新的目標——準備進軍英國和法國市場。

英國是一個保守國家，英國人一貫小心謹慎，不喜歡冒風險。雖然阿佛烈在一八六七年就已經獲得了英國方面關於硝化甘油的專利證，但由於爆炸事故頻發，保守的英國便大造輿論，反對硝化甘油的製造和進口。

一八六九年，迫於輿論壓力，英國議院透過了一項名為「禁止在大不列顛製造、進口、銷售和運輸硝化甘油以及任何含有硝化甘油的物品的規定」的法案。這樣一來，英國將國門關閉得更緊了，根本不給阿佛烈一點機會。

英國之所以這樣反對阿佛烈進入，主要有兩個原因：一是因為英國人非常小心謹慎，對稍有危險的事情也是萬分警惕；二是因為英國當時有一位名叫阿貝爾的火藥發明家，他向政府做了大量的遊說，暗中阻止硝化甘油進入英國。

阿貝爾教授這麼做，部分是出於私心。因為此時他正致力於火棉的應用開發，而阿佛烈的炸藥一旦進入英國市場，就勢必會衝擊他的產品，甚至會搶走大部分火棉的市場。

所以，阿貝爾便利用自己政府和議會科學顧問的身分，惡意抨擊達納炸藥的危險性，宣揚阿佛烈的黃色炸藥是一種比硝化甘油更加危險的產品。

但是，阿佛烈並沒有放棄，他用流暢規範的英文起草了一封信件寄到英國調查委員會，為達納炸藥的安全性進行辯護。同時，他又向學術界發表了一篇論文，進行公開的實驗，努力讓人們瞭解達納炸藥的真實面貌。

阿佛烈的努力終於有了成果，這時，英國對高效炸藥的需求也越來越多，政府終於認識到了這條禁令對國家利益的損害，於是指定阿佛烈在蘇格蘭開拓市場。

隨後，一大批蘇格蘭銀行的老闆和實業家們圍著阿佛烈，在一起進行了熱烈的商談，最終決定在蘇格蘭西海岸的阿岱爾附近的荒涼沙丘中建造一個工廠，這就是「英國達納炸藥公司」。

從開始建立直到今天，「英國達納炸藥公司」一直都是世界上最大的達納炸藥製造工廠。

此外，還有兩座附屬工廠也很快就動工了，一座專門生產雷酸汞，另一座則生產雷管，為炸藥提供引爆器材。

由此，阿佛烈的炸藥工廠終於在英國扎下了根。

(二) 戰爭打開契機

一八六八年，阿佛烈又來到了法國巴黎，準備在法國申請開辦公司和工廠，結果他的要求遭到了拒絕。因為法國當時實行的是國家專賣政策，這是為生產和銷售炸藥而制定的政策，也包括硝化甘油和安全炸藥，所以法國政府當局對阿佛烈是採取阻撓態度的。

就在阿佛烈一籌莫展之時，在一個偶然的機會，他結識了年輕的實業家保羅·弗朗塞·巴布和他的父親。當時，巴布正在協助他的父親經營一個冶金廠，名為「巴布父子鍛鐵公司」。

巴布與阿佛烈一見如故，並且十分欽佩阿佛烈；而阿佛烈也對巴布的聰明才智和過人精力讚不絕口。

（二）戰爭打開契機

阿佛烈認為，巴布是個不可多得的人才，無疑可以成為自己在法國乃至世界拓展市場的最佳合作夥伴。而有遠見的巴布也很看好阿佛烈的炸藥事業。兩人一拍即合，很快就簽訂了合約，共同成立了一家公司，在法國開發利用阿佛烈的發明，阿佛烈出技術，巴布提供所需資金，兩人合作十分默契。

在當時，法國是堅持不允許阿佛烈在法國建立達納炸藥製造廠的，兩人只好努力地四方遊說。但還未等兩人的說服工作取得成效，一八七零年七月，普法戰爭就爆發了。

當時的德國被稱為普魯士，戰爭中的普軍也因為使用甘油炸藥而一連攻破法軍許多重要陣地、橋樑和工事，攻勢異常迅猛。法軍雖然盡力死守，但火藥的威力根本比不上德軍，法軍屢次敗北。

法國急於遏止德國在歐洲的勢力擴張，這勢必就要推進工業化進程。對於阿佛烈來說，這就是一次千載難逢的好時機。很快，他們就在法國的南部便建成了達納炸藥製造工廠。

有了巴布的協助，阿佛烈的工廠業務發展也是勢如破竹，銳不可當。一家又一家的炸藥廠陸續建立起來，幾乎遍及了法國各地。

可惜的是，巴布因為應徵入伍，在戰爭剛開始不久就到前線去了。後來法國土爾淪陷後，巴布被普軍俘虜，一八七一年五月戰爭結束後才回到法國。

戰爭結束後，阿佛烈與巴布商議，雖然戰爭結束了，但法國和德國的敵意依然很濃，而法國又急於遏制德國在歐洲的勢力，這就勢必會同其他小國結成同盟，以便借這些小國家的力量牽制德國。那麼，這時他們想要在這些小國家建廠的話，法國銀行一定會給予很優厚的條件貸款給他們。

可以說，這是阿佛烈在其他各國辦廠的最佳時機。兩人達成一致意見後，雷厲風行的巴布便立刻奔走起來。在短短的兩年內，在西班牙、義大利、瑞士、葡萄牙等國家，一座座達納炸藥廠相繼建立起來並投入生產。

在十九世紀七零年代，阿佛烈的公司、工廠幾乎遍及整個歐洲，獲得了很大的經濟效益。為此，他也學習並精通了幾種語言，經常周遊各國，長期待在國外。如果真有一種四海為家的人，那麼阿佛烈算是很典型的一個了。他經常說：

「我的故鄉就是我工作的地方，而我則到處工作。」

但在內心深處，阿佛烈深知自己是個瑞典人，那裡有他最愛的親人。他也常常懷念在瑞典的生活，一旦有可能，他就會跑回瑞典看望家人。

(三) 整併公司

雖然工作上有巴布這樣的得力助手幫忙，但阿佛烈還是有很多煩心事，一家家的炸藥廠星羅棋布、縱橫交錯，遍及世界各地，這也讓阿佛烈的工作量急遽增加，很多事情都需要阿佛烈親自出面解決。

而且隨著事業的不斷發展壯大，一個尖銳的矛盾也在困擾著阿佛烈，那就是阿佛烈的公司與其他炸藥公司之間產生的激烈競爭。看到諾貝爾公司的火爆生意，其他炸藥公司自然眼紅不已，於是紛紛致力於生產新型炸藥。

不但如此，就連諾貝爾公司內部的各個工廠之間也開始互相爭奪市場。尤其是歐洲以外的一些國家，企業內部出現了不體面的競爭。

為瞭解決這一因公司龐大而產生的問題，阿佛烈與巴布之間進行了一次長談：

「自己的公司與廠家之間本不該存在這種競爭關係，最起碼應該保持對外一致，聯手對付我們共同的競爭對手。然而事實情況卻出乎我們的想像，現在各地的工作都要各自為政，彼此之間也不願意交流訊息。這讓我非常擔心，他們這種狀態就好像是一批士兵，雖然各個驍勇善戰，但沒有將軍來領導，不僅不能聯合起來對付外敵，然而還會導致內部矛盾，自相殘殺。這樣下去，我們的很多利潤就會彼此抵消掉，而且也不利於公司和工廠的長期發展。」

巴布也意識到了問題的嚴重性，並且很贊同阿佛烈的說法。他覺得，現在最主要的就是要建立一個領導核心，找到一個合適「領袖」，由這個「領袖」來制定經營策略和措施，統一調配管理所有的公司和工廠，這樣才能達到理想的效果。

經過一段時間的準備工作後，阿佛烈將所有工廠都歸於一個新建立的公司——「黃色炸藥和化工品生產總公司」進行管理，總部設在法國巴黎，資本為三百萬法郎。

到了一八四四年，該公司的股票資本已經增加到四百萬法郎。

而瑞士和義大利的工廠則由設在伊斯爾頓的「諾貝爾黃色炸藥聯合公司」接管；

（三）整併公司

西班牙和葡萄牙的市場則透過在畢爾包的「西班牙黃色炸藥公司」進行協調管理。

在普法戰爭結束後的四年，即一八七五年，阿佛烈在巴黎又成立了「黃色炸藥製造辛迪加」，是一家專門為所有黃色炸藥公司服務的國際技術諮詢機構，由當時黃色炸藥製造方面的一流專家，瑞典人阿拉里克·利德伯克負責。

在這一時期，歐洲也出現了大規模的企業合併現象。一八八六年，阿佛烈又組建了英德和拉丁兩家托拉斯公司，為此後在工業和商業方面的大發展奠定了基礎。

英國—德國托拉斯——「諾貝爾黃色炸藥托拉斯有限公司」的總部設在英國倫敦，股金為兩百萬英鎊，先後由十三家公司組成。而阿佛烈一直負責著這項重大的協調工作。

由於分散意願過於強烈，英德托拉斯經過長達二十五年之久的合議，最終獲得了巨大的利潤。直到第一次世界大戰爆發後，強權政治才終結了這個國際公司。一九一五年，公司的財產被各國的股東所瓜分。

在一戰期間，英國的「諾貝爾炸藥公司」也被迫進行幾乎百分之百的軍工生產，成為戰爭期間帝國防禦和戰鬥力的一個決定性因素。一九一八年十一月，戰爭結束後不久，英國人將以諾貝爾炸藥公司為核心的整個英國炸藥工業合併起來，組建了龐大的「炸藥貿易有限公司」，這也是「英國炸藥工業史上最為重要的發展」。該公司於一九二零年改為「諾貝爾工業有限公司」，包括十七家經營炸藥及其副產品的大型企業，以及無數的附屬公司和工廠。

到了二十世紀二零年代的中期，國際競爭日益激烈，德國等國的大型企業都需要尋找新的市場，於是便合併成為巨型的企業「I.G 化學工業有限公司」。在一九一五年以後，德國諾貝爾企業曾與這家壟斷公司保持著良好的合作關係。

然而，這種情況也逐漸影響了諾貝爾工業公司在英國的市場，他們也不得不採取措施進行應對：一九二六年，諾貝爾工業公司與三家英國的大化學公司——布倫納與蒙德公司、聯合鹼業公司以及英國燃料公司合併，從而形成新的強大托拉斯——「帝國化學工業有限公司」，從而讓不利的競爭局面得以減弱。

從一九三九年到一九四八年間的二戰期間，「帝國化學工業有限公司」又被強行變成了軍工企業，生產規模也日見萎縮。然而，他們繼承了阿佛烈的堅毅精神，克服了資金及貨源等方面的重重困難，最終重獲生機。

可以說，阿佛烈不僅是個偉大的發明家，還是一個極其精明的企業家。他終生都堅守著自己研究、自己創造、自己生產、自己銷售的不變法則。而他所創立的托拉斯運營組織，也已為世界各大跨國公司所效仿，這也是阿佛烈在商業上所取得的巨大成就。

(三) 整併公司

第十章 諾貝爾兄弟石油公司

我更關心生者的肚皮，而不是以紀念碑的形式對死者的緬懷。

——諾貝爾

(一) 煉油廠

在十九世紀六零年代，羅伯特和路德維希都曾在芬蘭和俄國以各種設想努力過。經過多年的艱難打拚，在七零年代初期，他們終於在聖彼得堡建立了自己的生產機器和武器的工廠，從而成為他們的父親從事過的老機器製造業中的主要企業家。其中，路德維希所建立的槍炮製造廠透過提供第一流的軍用產品，曾在亞歷山大二世和三世決定命運的時代，在民用和軍用方面取得了良好的聲譽。

一八七一年時，路德維希接到了一批來福槍的訂單。然而來福槍在投產後，卻遇到了不少困難，最大的困難就是找不到製作槍托的木材。對於來福槍來說，最理想的槍托製作材料就是核桃木，而這種木材在聖彼得堡附近卻買不到。

後來，路德維希聽說在高加索山區盛產這種木材，就託付大哥羅伯特跑一趟，對高加索山區進行實地考察，以便瞭解核桃木的運輸、成本等問題。

不久後，羅伯特就前往高加索山區進行考察，而這次遠行也成為他一生當中得益最大的一次旅行。

(一) 煉油廠

剛開始時，考察結果讓羅伯特很沮喪，因為這裡的核桃木雖然多，但分佈過於零散。如果要採購這裡的木材，在運輸時就勢必會耗費一筆高額的費用。

離開高加索後，羅伯特在回聖彼得堡的路途中，沿著窩瓦河走向了世界上最大的內陸湖——裏海。

在接近裏海時，羅伯特站在巴庫的土地上，頓時感到陰氣深深，處處都籠罩著烏雲。這裡不見泥土，沒有海水，眼前能看到的，只有一片綿延不絕的荒漠。荒漠裡的黑色沼澤地星羅棋布，而且到處都有火焰升騰，黑色的煙霧盤旋在空中。

早在十幾年前，羅伯特還在芬蘭以製燈為生時，曾與石油接觸過，因此對石油也頗為瞭解，當然也知道石油的利用價值。現在看到眼前的景象，羅伯特想：這裡到處都是石油，卻沒有人利用，實在是太可惜了！

羅伯特隨即便決定對巴庫地區進行考察。於是，他找到當地的一些老鄉，與他們攀談起來。透過交談，羅伯特得知，這裡早就出租給兩個俄國人了，他們現在正用非常原始的方法開採石油，賺一點小錢。並且還聽說，土地租用的合約一年前就到期了，而那兩個俄國人對這裡的興趣也不大，看起來並沒有繼續租用的意思。

羅伯特又好奇地問他們是怎樣把石油運出去的，其中一位老鄉告訴他：

「自然是沿著窩瓦河了！他們把油裝在船上，沿著窩瓦河逆流而上，運到其他地方。而那些船東看他們沒有別的出路，還經常向他們漫天要價。」

「要是能修一條鐵路，運油可能就方便多了。可是當今世道，誰會拿這麼多錢出來修路呢？」另一位老鄉接著說。

瞭解了巴庫的情況後，羅伯特的內心開始激動起來。他還特意去看了一些油井，發現那裡油源十分豐富，石油的質地也很優良。這麼好的石油，開採時多花點錢也是值得的。

羅伯特隨即便返回了聖彼得堡，興致勃勃地向路德維希描述了自己在巴庫所看到的景象，並表示如果用他的方法煉油，一定可以大有所成。

路德維希對哥哥的想法也很贊同，並表示願意提供資金，兩人合辦了一家小煉油廠。

(二) 運油改革

一八七三年，透過對高加索巴庫豐富的石油儲藏進行的幸運接觸，羅伯特果斷地購買了那裡的一些開採特許權，兩兄弟的事業開始進入一個新的領域。

不久後，羅伯特就搬到了巴庫，在極其困難的條件下，以巨大的精力工作著。沒過多久，小煉油廠就取得了良好的效益。

一八七七年，在巴庫地區已經有不下兩百家的小型石油企業了，但都是由一些全無訓練的企業主，用非常原始的方法經營的。他們總共生產大約七點五萬噸煉製過的石油，而羅伯特．諾貝爾一個人的小工廠就生產了兩千五百噸。事實也證明，只要增加投資，取得巨額利潤是毫無問題的。

在前五年中，路德維希準備用自己的資本為這家小工廠提供資金，然而當石油源源不絕地開發出來，以及在石蠟油成為俄國通用的照明油導致對不同種類的石油需要量不斷增加後，最主要的就是擴大經營規模，以便維持其盈利能力，並迎接不斷出現的競爭。

這時，一些大一點的公司就開始從某些銀行企業取得資金，以採用羅伯特工廠的那種比較現代化的勘探和生產方法的手段來開採石油。俄國對石油產品所徵收的出口稅最高，但卻沒有進口保護，這就意味著當時在全世界迅速發展的洛克斐勒的美孚石油公司也出現在了俄國的市場上，結果使得本國生產的石油價格大跌。

在這種情況下，路德維希曾試圖同這一大群製造商就持久價格達成協議，但一直沒能達成一致，因此，他便進行更大的計劃，透過使企業合理化和大規模擴建的辦法投入到競爭當中。

但是，這也需要有巨大的資本做後盾。為此，路德維希找到了阿佛烈，向他談了自己的想法。憑藉一個企業家的敏感直覺，阿佛烈覺得這是一個開創事業的好機會。

於是，一八七九年，由阿佛烈投資的「諾貝爾兄弟石油公司」正式掛牌成立了。這家公司由兄弟三人和路德維希的搭檔彼得林上校合股經營。

公司的總部設在聖彼得堡，股金資本為三百萬盧布，由十名股東持有。路德維希用他所有的資產取得了公司的多數股票，阿佛烈占三十分之一，而羅伯特則因發現和創始工作，被給予十萬盧布的股票。

（二）運油改革

針對油田距離巴庫煉油廠的距離較遠的問題，阿佛烈認為，按以往的方法，先將原油裝入一個木桶中，然後再用車子將木桶運到巴庫進行提煉，不僅浪費時間，還要付出極高的運費。因此，他建議在油田和巴庫煉油廠之間鋪設一條輸油管道，來解決這一問題。

在阿佛烈的啟發下，路德維希也開始思考起來。因為石油從水路運輸的方法就是先將石油裝入木桶，然後將木桶裝上船，這樣的方法十分笨重、繁瑣。為了尋求簡便的運輸方法，路德維希充分發揮了自己在機械方面的特長，設想：如果將一艘船設計成一個移動的大木桶，那麼本來需要兩步完成的工作就可以合併成為一個步驟。

因此，他動手設計了一艘運油船，並由斯德哥爾摩造船廠負責製造。這艘名為「索羅阿斯特拉號」的運油船也成為世界第一艘運油船。

諾貝爾兄弟石油公司以迅雷不及掩耳之勢迅速崛起。十年後，公司已經擁有海上運輸巨輪二十艘，油槽車一千五百輛，並有了貯油用的大油池。而阿佛烈提議鋪設的輸油管道在竣工後又改成了雙線，每年有六點八萬噸原油透過管道運送到巴庫煉油廠，提煉出大量的石油，運往世界各地。

(三) 兄弟意見分歧

十九世紀八零年代最初的幾年，石油公司獲利很多。然而大量的收入很快就被公司經常性的擴建所吞噬，這也意味著公司很快就會感到資金的周轉不足。當支出的年度報告和路德維希更大的工程計劃送到阿佛烈手中時，他感到有些擔憂，並對哥哥路德維提出過一些警告。

路德維希無疑是個十分優秀的企業管理者，但他卻有一個致命的弱點，就是做事只顧眼前，不顧後果。在企業的發展上，他喜歡不斷擴大經營規模，不等一個項目完成，他就開始謀劃另一個項目了。

然而，這種做法確實後患無窮的，因為需要不斷投入資金，購買新的設備，擴建新的廠房，而新增加的部分還沒來得及創造效益，公司的資金就已經用完了。這時一旦遇到重大事件，根本就無力扭轉乾坤。

為此，阿佛烈不止一次地提醒過路德維希應該有所克制，等資金上確有把握後再進行擴建也不遲。雖然如此，阿佛烈還是不遺餘力地為公司提供財政援助。

(三) 兄弟意見分歧

一八八三年，阿佛烈終於忍不住去了一趟聖彼得堡，結果發現：純粹的技術建設和巴庫發展工作的制度表是正常的，但帳目的管理方面卻比較混亂。於是，阿佛烈大刀闊斧地砍掉了一些浮誇的工程，這一次他還允許自己被選為公司董事。

當時，諾貝爾石油公司對提供油罐車輛和油輪的公司負債很多，而國稅還要照付不誤。巴黎和聖彼得堡的銀行家剛茨伯格威脅要收回一百多萬盧布的貸款；而在倫敦和巴黎向著名銀行尋求貸款的試探也一再遭到拒絕。

從這些情況可以很清楚地看出，諾貝爾石油公司此時的形勢確實是錯綜複雜，困難重重。雖然阿佛烈的健康狀況不佳，但他還是必須親自出面解決這些難題。他既不急躁也不拖延地提供了勸告和幫助，並且再次尖銳地批評了公司的財務專家。與以前一樣，他以其豐富的經驗、謹慎和對企業發展的預見，為公司提供了寶貴的援助，同時還提供了相當大的金錢幫助。

透過提供四百萬法郎的低息短期貸款，購買了大批新的股票證券，阿佛烈使公司的形勢轉危為安。他還把自己的俄國公債券拿出來，作為對公司徵收利潤稅款的保證金，以及作為從俄國國家銀行借用的一百萬盧布的貼現貸款抵押。

第十章　諾貝爾兄弟石油公司

這一切挽救了局勢，機器開始再次運轉起來。但這不過是十九世紀八零年代中期發生的事例之一。在這以後的很多年中，公司都面臨很多困難，而路德維希和阿佛烈兩兄弟也因為性格、特點的不同，存在著嚴重的意見分歧。對觀念論興趣很濃的路德維希總是想個人擁有和資助他的企業，從而將它納入自己負責和完全操縱之下。他討厭股票交易的預測和手續，這也引起了外部股票持有者的干預。

另一方面，阿佛烈卻認為，沒有任何一個人能夠事事精通，一個企業一旦步入正確的發展軌道，就應該馬上放心地交給那些在各個特定方面稱職的人。

因此，他反對獨資經營，在自己所有的企業當中，他都只持半數以上的股份，其他的股份都留給別人，但這兩兄弟也有一個共同的特點，那就是不貪財。他們熱愛工作，但對工作報酬的喜愛，只是因為它可以成為有用的流通資本，或是能用來為某些值得的目的投資。這一特點顯然是遺傳於他們的父親伊曼紐。總體來說，兩人在掌管資金方面都具有一種罕見但卻無可非議的性格，只是在具體的用錢方面才會產生各自不同的看法。

諾貝爾兄弟石油公司後來變化甚大的歷史，超出了本文的介紹範圍，然而值得一提的是，在一八四二年由他們的父親伊曼紐建立的機械廠，以及兒子們創建的石油公司，都在諾貝爾的後代們熟練的指導下發展成為重大的世界性企業。

（三）兄弟意見分歧

第十章　諾貝爾兄弟石油公司

第十一章　無煙火藥引發的糾紛

我看不出我應得到任何榮譽，我對此也沒有興趣。

——諾貝爾

（一）混合無煙火藥

在十九世紀八零年代，歐洲一些國家的政府因當時的政治形勢，都急於想要得到一種威力更大而冒煙更少的軍用火藥。為此，德、英、法等國的很多化學家都在設法解決這一難題，但都沒什麼明顯的效果進展。

此時的阿佛烈已經十分富有了，商務活動也十分繁忙，但他始終對自己的發明念念不忘，一直思考和嘗試著進一步從技術上改善他的硝化甘油產品。

一八七五年，諾貝爾對達納炸藥進行了改進，將硝化纖維引入到硝化甘油當中，因而發明了「炸膠」。

炸膠不僅具有強大的爆破力，而且還適合於水下作業，並具備抗震能力，幾乎達到了完美的程度。然而，這種炸藥也有缺點，那就是爆炸時會產生濃烈的煙霧。

為此，從一八七九年起，阿佛烈便在巴黎郊外的實驗室裡著手研究無煙火藥。

阿佛烈的研究思路與其他人完全不同，他是從賽璐珞著手的。

（一）混合無煙火藥

塞璐珞是一種非常常見的物質，是由含氮量低的硝酸纖維素和樟腦之類的增塑劑經加工而製成的塑膠。它很容易點燃，通常用於製造日用品、乒乓球和玩具等。

阿佛烈認為，賽璐珞中通常都含有硝化棉，且含量約占賽璐珞總量的三分之二。但因含有增塑劑樟腦，賽璐珞的密度又大，即使將它做成細粒狀，賽璐珞的燃燒速度仍然很慢，不適合作為子彈的推進力。

接著，阿佛烈又考慮到，如果用硝化甘油的全部或部分取代樟腦，那麼就有可能產生一種這樣的賽璐珞：具有足以形成顆粒狀的必需密度，將它用來代替黑色火藥，裝填在火器內，就會以適中的燃燒速度進行燃燒。

經過幾次試驗後，阿佛烈發現：賽璐珞比黑色火藥具有更多的優點，並且能產生巨大的推動力，不會留下任何沉渣，而且幾乎不產生煙霧。

前後經過八年時間的實驗研究，阿佛烈終於達到了發明無煙火藥的目標。

早在一八六五年時，英國化學家帕克斯曾發明了一種被稱為假象牙的合成材料製品，這種合成材料是以硝酸纖維和樟腦等為主要原料合成的。阿佛烈受此啟發，對這種合成材料的成分、配比和性質等進行了研究分析。他驚奇地發現，這種材料雖然燃燒得很慢，但卻沒有煙霧產生。

在經過仔細的觀察和分析後，阿佛烈認為，這是因為其中含有樟腦的緣故。並由此推斷，如果在炸膠中加入一定比例的樟腦，就有可能製成一種既高效又無煙的炸藥。

又經過多次試驗後，阿佛烈終於確定了無煙火藥的組方：

同等份量的硝化甘油和可溶性硝化纖維素，再加上百分之十的樟腦。

阿佛烈給這種新型的炸藥取名為「混合無煙火藥」，也被稱為「諾貝爾炸藥」或「C.89」。

（二）離開法國

科學可以給人類帶來進步和文明，但科學家並不都是社會的「寵兒」。阿佛烈一生的成就是傑出的，但由於被迫捲入許多商業糾紛和專利訴訟，這也令他的生活時常充滿了煩惱。

（二）離開法國

這一次，無煙火藥的發明就引起了軍事部門的特別關注，因為他們覺得，這種新產品的出現肯定會在戰術方面引起根本性的變化。

阿佛烈考慮到他長期居住、工作在法國，於是便最先向法國火藥管理機構「火藥與硝石管理局」提供了他的這項發明專利。

不料，阿佛烈的這一番好意反而遭到了他們的拒絕。

原來，在阿佛烈發明混合無煙火藥的前兩年，法國的一位名叫維埃耶的化學教授也發明了一種很有希望接近無煙火藥的產品。這種火藥雖然在性能方面遠遠比不上阿佛烈混合無煙火藥，但由於維埃耶與政界有勢力人物的關係，這種火藥早已被法國陸軍和海軍方面廣泛採用。

對此，阿佛烈以譏諷的口吻說：

「一種賦予了強大權勢的劣質火藥，竟然會比沒有後台扶植的優質火藥更好！」

為此，阿佛烈放棄了法國，轉而去尋找義大利政府的支持，最終，義大利成為第一家接受混合無煙火藥的政府。隨後，阿佛烈就在義大利的阿維利亞納，他的工廠內，創建了一個專門生產混合無煙火藥的工廠。

此後不久，義大利政府想要取得混合無煙火藥的生產權，於是阿佛烈就以五十萬里拉的價格，將這項發明專利轉讓給了義大利政府。

沒想到，阿佛烈的這一決定觸犯了法國火藥壟斷當局的一些權勢人物。長期以來，他們對阿佛烈在法國的槍彈火藥實驗就懷有惡意，尤其是把阿佛烈的混合無煙火藥視為維埃耶火藥極其危險的競爭對手。於是，法國新聞界開始猛烈抨擊阿佛烈，指控他將混合無煙火藥的專利賣給義大利政府的行為有損於法國政府的利益。

法國的一份報紙也開始捏造事實，誹謗阿佛烈，稱他從他設在巴黎附近的實驗室可以監視由「火藥與硝石管理局」主辦的實驗研究所。因為那裡當時正在進行著由維埃耶發明的無煙火藥的實驗。

隨後，阿佛烈的實驗室便被警察仔細地搜查了一遍，並被封存起來，他的槍炮和進行試驗的許可證也被吊銷了，工廠裡正在進行的混合無煙火藥生產也被禁止，已經製成的試驗用炸藥也遭到了沒收。

在這種情況下，阿佛烈的正常研究工作也中斷了，這讓他十分沮喪，決定離開這個國家。

在安排好這邊的幾個工廠的業務之後，阿佛烈回到了瑞典，探望了他的大哥羅伯特，接著又去了設在義大利的阿維利亞納工廠、英國阿迪爾的工廠和德國克魯伯工廠，安排了今後的各種工作。

一八九一年，阿佛烈離開了這座生活了十八年的城市，將他的住所和實驗室遷到了義大利的聖雷莫。

(三) 敗訴

由於無煙火藥的發明，阿佛烈在法國的生活變得十分不愉快，但卻同時也引起了其他很多國家的濃厚興趣。不久，黃色炸藥時代的老對手阿貝爾教授也過來與阿佛烈套交情，並一度與他成為朋友。然而，這件事卻成為阿佛烈一生當中最為辛酸沮喪的事件之一。

一八八八年，英國政府設立了一個炸藥專門委員會，主要任務就是負責尋找無煙火藥的生產方法，並且及時向國防部推薦這方面的新發明和新發現，然後再將這些發明或發現付諸使用。

在這個委員會的成員當中，也包括阿貝爾教授和德瓦教授兩個人。於是，他們就以委員會的名義與阿佛烈取得了聯繫，要求阿佛烈經常將研製炸藥的進展告訴他，並由他們轉告給炸藥委員會。

當時的英國，是個對炸藥需求量很大的國家，所以阿佛烈也很願意與這個委員會建立密切的關係。於是，從一八八八年秋到一八八九年秋天，阿佛烈與阿貝爾等人祕密地接觸了整整一年的時間，並先後向他們提供了混合無煙火藥的配方、生產方法和樣品的完整情報等。

根據阿佛烈提供的炸藥配方，阿貝爾教授與德瓦教授對阿佛烈所發明的新炸藥所用的各種化學成分和工藝過程都瞭如指掌。

在一八八七年，阿佛烈關於混合無煙火藥的配方是：同等份量的硝化甘油和可溶性硝化纖維素，加上百分之十的樟腦。

在拿到這個配方後，阿貝爾教授經過研究後，認為樟腦的揮發性太強，是一種不適宜的成分，於是建議阿佛烈提供一個替代品。阿佛烈經過研究後，又提出用丙酮

(三) 敗訴

來替代的建議。

隨後，阿貝爾又告訴阿佛烈，不溶解的硝化棉比可溶性的硝化棉要好得多，因為可溶性硝化棉的特性太變化無常了。

此後，阿貝爾教授就不再將進一步的情況通知給阿佛烈了，而是開始和德瓦教授專心研究起這些輕易得來的詳細資料，並在阿佛烈提供的爾配方基礎上進行了某些改動，將配方變成了百分之五十八的硝化甘油、百分之三十七的硝化纖維素和百分之五的凡士林，然後再用易揮發的溶劑丙酮製成膠狀物質。然後，他們又將這種膠狀物質擠壓成條索狀，取名為「線狀無煙火藥」。

與此同時，他們還瞞著阿佛烈，迅速地在英國和其他國家申請了專利。英國軍事部門接受了炸藥委員會的遊說，決定購買阿貝爾教授和德瓦教授的專利，並將這種炸藥應用於英國國防海軍部隊。

由於阿貝爾教授在英國的聲譽和人緣關係，這項專利登記一度得到保密，阿佛烈一點都不知道。其實阿佛烈所發明的混合無煙火藥早在一八八八年一月三十一日就已經在英國申請了專利註冊，註冊號為第一四七一號。

當已經擁有阿佛烈混合無煙火藥專利權的「英國達納炸藥有限公司」向國防部提供該公司所生產的炸藥時，阿貝爾和德瓦的「線狀無煙火藥」的發明演變過程才暴露無遺。

這件事令阿佛烈十分氣憤，他立即向炸藥委員會提出抗議，指責該會會員阿貝爾和德瓦剽竊了「混合無煙火藥」的製作方法。為此，阿佛烈還向阿貝爾和德瓦提出：雙方共同合作設廠經營。

然而，這一合理要求卻遭到了炸藥委員會的拒絕。因為他們要獨享厚利，而不允許向他們提供技術資料的阿佛烈分得一杯羹。

由於諾貝爾炸藥公司曾取得過阿佛烈「混合無煙火藥」的專利，因而認為現在的「線狀無煙火藥」侵犯了他們專利，為此提出抗議，甚至決定向法院起訴，試圖透過「友好的訴訟」來解決這一爭端。

這件案子在當時曾引起了很大的轟動，英國報紙競相報導這起訴訟案。案件被提交到上訴法庭和貴族院，拖延了很長時間。

可是，審判的結果卻完全出人所料：所有的法庭都駁回了諾貝爾公司和阿佛烈向

（三）敗訴

英國提出的索賠要求，而且原告方還被迫支付了二點八萬英鎊的訴訟費。

法庭駁回原告訴訟的理由是：在阿佛烈發明權的登記上，曾將配方含糊地寫為「以可溶性著稱的」硝化棉成分，而被告使用的則是比阿佛烈的可溶性硝化纖維素要好得多的「不溶性」硝化纖維素。

於是，法院判決說，原告在申請專利權時，並沒有包括被告所採用的「不溶性」硝化纖維素在內。雖然原告曾在法庭上清楚地陳述：「不溶性」硝化纖維素在一定條件下也可以轉變為「可溶性」。

最後，英國法庭偏袒本國專家，執意判斷這種表達意味著不包括那些被認為是「不溶性」的硝化纖維素，而阿貝爾和德瓦教授製造的線狀無煙火藥解決了如何用不溶性硝化棉和硝化甘油製造炸藥的問題。

雖然諾貝爾公司和阿佛烈在這場官司中敗訴了，但在案子審理期間，阿佛烈的開創性工作也逐漸被人們所瞭解。此後，許多有影響的人世及科學家都對國防部和政府提出了尖銳的批評。

阿佛烈顯然對英國法庭的判決表示強烈不滿，金錢上的損失都是次要的，讓他最痛心的是自己蒙受冤屈，他覺得這是對一位發明者成就的侮辱。因此，他的健康狀況也受到了嚴重影響。

第十二章　偉大的業績

在這個爆炸性的世界上能夠看到開放得像玫瑰花那樣鮮紅的和平之花，抱著越來越真誠的希望。

——諾貝爾

(一)火藥之外的研究

作為一個發明家，阿佛烈有著高度的想像力，並會將這些大膽的想法落實到試驗當中，因此，他的發明業績也十分豐富多彩。

阿佛烈的興趣並不僅限於炸藥，在其他領域也都有諸多令人驚訝的發明。僅在技術和自然科學領域，他就曾涉獵過種類繁多的科目，如應用化學、電氣化學、機械學、光學、生物學和生理學等等。

像父親伊曼紐一樣，阿佛烈的創造力通常也是在一瞬間完成的，有時他甚至分不清哪些是空想的主意，哪些又屬於劃時代的發明設想。

隨著時間的推移及想法的增多，阿佛烈的不少想法都變成了現實，並且變成了專利發明。在阿佛烈去世後，人們在清算他的遺產時，發現他在各國取得的專利發明不少於三百五十一項。這的確是一個令人驚嘆的數字。

在十九世紀八零年代末期，阿佛烈對火器技術方面的興趣越來越大，但同時，他又十分痛恨戰爭和暴力，因此，他最終變成了一個越來越強烈反對實際使用他的這些發明的人。

阿佛烈曾說：

「就我這方面來說，我希望能把所有的槍炮、它們的附屬物以及一切東西，都送到地獄裡去，那裡是展覽和使用它們的最合適的地方。」

但因對發明的熱愛與執著，直到晚年，阿佛烈依然在實驗室裡進行著這方面的發明工作，比如含有硝化甘油的導火線、槍炮的無聲發射、金屬的淬火與銲接，以及海上救險用的火箭等等。

早些年，阿佛烈曾想用與製造炸藥緊密相連的原料來製造橡膠、乳膠和皮革的代用品；還打算在在溶解於各種半揮發性溶解液中的硝化纖維素的基礎上，研製出各種油漆。

在進行試驗的階段，阿佛烈還發現了許多硝化纖維素的新溶劑，這些溶劑對降低燃燒溫度和腐蝕性的作用相當明顯。後來，這種油漆在作為現代硝化纖維素型號的油漆成分方面顯示出了非常重要的作用，並透過帝國化學公司和I.G化學公司的許多產品，聞名於整個世界。

硝化纖維素的另外一個作用是製造人造絲。在一八九三年至一八九四年間，在聖雷莫的實驗室中，阿佛烈與瑞典工程師斯特雷勒納特一起進行了這方面的有關實驗。

另外，阿佛烈所發明的一種細孔洞玻璃壓力噴嘴，在一八九六年也取得了專利。這種具有極微細孔眼的玻璃壓力噴嘴是將硝化纖維素或賽璐珞溶液擠壓出來，然後硬化成為絲狀纖維所必需的工具。它的製作方法是採用很細的白金絲穿入熔化的玻璃內，然後使之冷卻，再用「王水」將白金絲溶解。

後來，這種方法被許多繼承者所發展，並生產出人造絲。現在，它已經擁有無數的品種和不斷湧現的新名稱了，成為一種暢銷世界的產品。

阿佛烈還對唱片、電話、電池、電燈附件等進行過各種改進實驗。他甚至將黏土置於鉑金管內，利用炸藥產生的高溫使之熔化，試圖製作出人造寶石。

雖然這一試驗並沒有獲得成功，但他這些探索性的實驗工作對後來擁有更好設備的發明家產生了巨大的啟發作用。

（二）阿佛烈的預言

一八八九年，阿佛烈的母親卡羅琳娜在斯德哥爾摩與世長辭了。阿佛烈在悲痛之餘，將母親遺產中分歸自己繼承的約為二十八萬克朗的大部分都捐獻給了瑞典社會和教育機構，並創建了「卡羅琳娜・安德烈爾特・諾貝爾基金」，以便能夠促進醫學科學實驗的研究。

一八九零年，阿佛烈宣布，他希望同瑞典生理學家就該領域內的一些研究課題保持聯繫。當時，卡羅琳娜醫學院的一位年輕的生理學家約翰森在得知阿佛烈的這一願望後，很快就與他取得了聯繫。

阿佛烈給約翰森的信中解釋說，他打算創辦一所他自己的醫學研究所，以便能夠研究他一生都十分關注的輸血課題。並說：

「如果此事可行，其結果是難以想像的。」

儘管最終阿佛烈的這一想法沒有取得成功，但在一九零零年，奧地利科學家蘭德斯坦納發現了人類血型後，才讓輸血成為可能。蘭德斯坦納也因此而在一九三零年榮獲了諾貝爾醫學獎。

對於其他發明家和工業家，阿佛烈也都報以積極支持的態度。在十九世紀八零年代時，他的哥哥路德維希處於俄國石油工業的困境時，他就提供過有效的財政援助和工業技術支持。

在一八八二年，他還提出了「在某些船上用爆發性發動機代替蒸汽機」的建議，並在當時就預見到石油產品一定可以作為燃料的另外一種用途。

一八九五年，阿佛烈又與瑞典工程師魯道夫·列克維斯特一起創建了一座電氣化學公司。這也是瑞典的第一座生產電鍍產品、工業及醫藥用化學品的公司，後來逐漸發展成為擁有幾座大工廠的大型企業。在合作期間，阿佛烈對列克維斯特一直都十分信任，甚至在起草自己的遺囑時，還指定他為執行人之一。

瑞典的探險者安德烈曾想駕駛著氣球考察北極。一八九六年，他的首次嘗試失敗後，便向阿佛烈請求資助。

當阿佛烈瞭解到安德烈的探險計劃後，表現出了極大的熱情，並很爽快地答應願意為他下一次飛行提供援助。他說：

（二）阿佛烈的預言

「無論安德烈的試驗是否能夠成功，是能夠飛達到目的地，還是只能飛到半路，這項特別的功績本身就是一件創造性的工作，它將會產生一種新的思想和新的變革。在這方面，我也要為和平思想盡力，因為每一種新的發現都會在人類的腦海當中留下痕跡，而且會世代相傳，終將會喚起新的文化思潮。」

可以說，阿佛烈的特點就是始終站在時代的最前列。

在十九世紀九零年代的初期，阿佛烈對借助空中攝影的方法來進行勘測和繪製地圖這件事產生了濃厚的興趣。

由於當時還沒有出現在飛機上用照相機進行拍攝的方法，所以，阿佛烈建議，可以採用氣球或飛彈來實現這一目的。

在去世前的四個月，阿佛烈在給他的助手的一封信中還說：

……我打算發射一隻小型氣球，讓它攜帶著降落傘、照相機、計時裝置或定時熔絲。當這個氣球上升到適當的高度時，它就出現自動放氣，或者同降落傘分離。接著，氣球在下降過程中，照相機就能拍下照片來了。

同時，他還十分清楚地預見到，未來的空中交通將不是透過氣球或飛艇發展起來的，而是透過借助快速推進器推進的飛機。

在一八九二年，阿佛烈就曾經寫到：

> 飛行真使我感到興奮，但我們一定不要以為靠氣球就能夠解決這個問題。當一隻鳥兒高速飛行時，只要輕輕搖動它的雙翼，就能夠克服重力。這不是使用魔術能辦到的。鳥兒能做到的事，人類當然也能。一隻紅雀能在三小時內從巴黎飛到聖雷莫，我們也必須擁有高速推進的浮筏……
>
> 自從電力及其伴隨物發明之後，只要四分之一秒就可以繞地球轉一週。我對於我們這個小小的地球持輕蔑的態度；而對於一個更小得多的實體，也就是原子，卻表示出極大的興趣。在單獨存在的情況下，或者作為宇宙萬物生命細胞的一個組成部分，它的形式、運動和定數，都完全地占據了我的大腦。

十年之後，阿佛烈的預言被萊特兄弟所實現了。

一九零三年，美國飛機發明家萊特兄弟設計了有史以來人類第一架有人駕駛的飛機，並於同年十二月十七日在基蒂霍克試飛成功。

雖然這次試飛的時間僅有五十九秒，飛行距離也不過八百五十二英呎，但卻首次使人類的飛行夢想變成了現實。

(三)火箭雛形

一八九一年，阿佛烈與瑞典軍事部門的一位發明家昂哥上尉相識，並進行合作，結果研製出了一種軍用發射火箭。

第二年七月，阿佛烈在英國取得了這項發明的臨時專利。九月，昂哥上尉到聖雷莫訪問，與阿佛烈簽訂了合作協議。該協議內容除了這項發明以外，還包括許多其他的發明項目。在合作過程中，昂哥上尉負責產品的製造，阿佛烈負責產品的研發和實驗工作，以及申請專利等等事宜，最後按利潤進行分成，阿佛烈分得三分之二，昂哥分得三分之一。

然而按照這份協議，這些發明直到阿佛烈去世都沒有全部完成。後來，有關導彈製造的設計被別人買走，並在德國進行了進一步研究修改。

後來有人推測，這種軍用火箭之所以對阿佛烈產生如此巨大的吸引力，正如人們所熟悉的空投炸彈一樣，它不僅具有一定的軍事意義，還可以作為船艦的安全裝備，同時還是兩次世界大戰中令人畏懼的V1和V2武器的前身。

當助手拉格納．索爾曼在日後仔細閱讀阿佛烈的專利發明目錄時，不禁感慨萬分：如此之多的發明創造，居然都是出自一個人的頭腦。拉格納．索爾曼寫到：

在那些嚴肅的技術專家和企業家看來，阿佛烈的很多想法只不過都是一時的心血來潮、異想天開而已，但請不要忘記，被現代技術專家這樣認為的很多想法卻被阿佛烈在實際中得以實現，並且成為對人類來說最重要的東西。

人們還應當記住的是，他的另一些設想最終可以完全適用於各個領域。在他的創造性活動當中，他真正的才華是：如同多產的大自然那樣豐富的思想。

通常說來，只有少數種子能夠找到適合生長的土壤，從而生根、發芽、成長，而相當一部分種子是結不出果實的。另外一些種子，由於落在多石的地面上，根本就不能成活。

然而，思想的種子就不同了，雖然有時被埋葬，卻能歷經數十年，甚至幾個世紀，仍然具有生命力。

一旦條件發生改變，它們就會像被風颳到沃土上的種子那樣，開始發芽，並且茁壯成長。

……

此外，從歷史上看，技術的進步與發展完全取決於種種努力、各方面的發明家在解決問題時所付出的所有思維活動，不論這種工作在各種特殊情況下能否產生直接的成果。正因為如此，人們目前對技術的發明史才會越來越感興趣。如同其他任何一門歷史一樣，技術發明史也能夠使人們廣泛洞察到發展的進程，並且為現在和將來提供如此寶貴的指示。

阿佛烈有一次也說：

「如果說我在一年之內有一千種設想的話，而其中只有一種結果是好的，那麼，我也就很滿意了。」

第十二章　偉大的業績

第十三章 深切的文學情結

在文學作品方面，我不要同任何人合作。我希望依靠自己的雙翼凌空飛翔，而不願借助於他人的翅膀。

——諾貝爾

(一)人文情懷

雖然阿佛烈在科學發明方面取得了輝煌的成就，成為後人非常崇敬的一位發明家與慈善家，但其實他還是一位出色的詩人。

在文學方面，阿佛烈雖未曾做出像他在科學技術方面那樣卓越的建樹，但他對文學的愛好與他對科學的愛好都一樣始終如一。文學與科學也成為阿佛烈的兩大精神支柱。在他看來，自然科學所征服的是未來人類幸福的建築材料，而文學的理想主義則是促進人類幸福的源泉。

阿佛烈十分早熟，童年時期就全靠自己學習知識，除了上過兩學期的小學之外，他沒有再上過其他的學校，也從來沒有接受過正規的大學教育，只是後來在聖彼得堡接受過家庭教師的教育。

此後，阿佛烈到各地旅行，多半的時間也都花在科學研究上面，但隨著閱歷的增加，他對文學、哲學等都產生了很深的體會。對於各國的文學作品，他也都比較熟悉。

（一）人文情懷

在童年時期，阿佛烈就十分喜歡雪萊的作品，因而受雪萊的詩影響也最深。除了採用雪萊對於人生的態度外，阿佛烈還學到了他豐富的想像力、他對人類的博愛、他的和平主義、他的激進色彩，以及他紛亂而瘋狂的「非宗教主義」。儘管阿佛烈有著更加切實的心思和更為科學的思維，故而表現得不像雪萊那麼混雜，但在相當程度上，他的人生還是受到了雪萊的影響。

在成年之後，阿佛烈閱讀了大量不同國家的文學作品。阿佛烈在法國居住的時間最長，對於法國文學，他除了與雨果有直接的交往而閱讀他的作品外，還廣泛地閱讀了莫泊桑、巴爾札克、左拉等人的作品。

在這些偉大的文學家當中，阿佛烈最為仰慕的就是和平與理想主義作家維克多·雨果。在他看來，雨果的許多作品當中可以讓人感受到人類心中所存在的美和善的力量。在作品當中，雨果真誠地追求博愛和人道主義，期待人類能夠進入一個沒有戰爭、思想自由、人人和睦相處的社會，這與阿佛烈的觀念剛好吻合。

一八八五年，在雨果八十三歲生日時，阿佛烈發了賀信：

「偉大的大師，祝您長壽，用您博愛的思想使全世界更加燦爛美好！」

此外，莫泊桑也是阿佛烈喜愛的作家之一。但是他對左拉的評價不高，認為左拉是個實證主義作家。

對於俄國文學，阿佛烈比較欣賞果戈里、杜斯托也夫斯基、托爾斯泰以及屠格涅夫等作家的作品。對於包括他的故鄉瑞典在內的斯堪地那維亞各國的文學，阿佛烈曾閱讀過易卜生、比昂松、呂德貝里以及拉格勒夫等人的作品，對這些作品也都進行過比較獨特的評價。

在瑞典的詩人當中，阿佛烈最欣賞的就是呂德貝里和拉格勒夫。他在一封信中曾講到拉格勒夫說：

你見過拉格勒夫嗎？他的詩是十分新穎的，雖然依我們的標準來看，詩中的故事本身並不合理，但他的風格是感人的。

呂德貝里的高尚理想主義也是令阿佛烈所感動的。當有人與他談起給這位偉大的詩人舉行追悼會時，他表示一貫的反對。他說：

「我總是這樣想，寧願生時給人好處，不願死後為他開會鋪張；因為即使我們相信，靈魂是獨立的人性，但這種人性究竟有無眼睛是很可疑的。不過，我將放棄這種偏見，捐助三百克朗。有些作家，他們的作品就是一件紀念品，他們並不需要其他的紀念，例如呂德貝里就是這樣的，他的詩所表現了精神的高貴與形式的格律之美。」

最近幾年，人們在他的實驗室記錄薄等意想不到的地方，還發現了阿佛烈所寫的一些筆記和未完成的詩稿。其中包括《我打算用哲學說明什麼》的提綱，以及那些年裡他寫的一些詩篇，其中的一份目錄題目為《已經寫完的文學與詩歌》，包括：

1 三姐妹
2 背負死亡
3 疾病與醫療
4 她
5 謎語
6 我是否曾經愛過
7 賦與夢
8 森西
9 精神撫慰

10 訓誡
11 相信與不相信
12 被兩者所繫
13 驚奇
14 我看到兩朵玫瑰蓓蕾

在這些詩作當中，現在保存下來的有第一、第五、第六、第七和第八首。從這幾首詩當中，也能看出阿佛烈具有相當多的詩人靈感。雖然晚年他曾受到過沉重的打擊，這些靈感也變得遲鈍起來，但它卻伴隨了阿佛烈整個一生。

下面是迄今為止尚未為眾人所知的第六首詩歌的一段摘錄：

我是否愛過？
啊，你的質問，
我記憶的漩渦，
喚醒了一幅甜蜜的輪廓，

那夢寐以求的幸福啊，
生活不肯將它賜予我；
那滿腔熱忱的愛情啊，
不待成長就已經凋落。
你不會懂得，
一個年輕的心的理想世界，
是怎樣遭到現實的折磨，
挫折、幻滅與憂思，
是怎樣捉弄那歡樂的生活，
使一切都喪失燦爛的光澤。
你那年輕的靈魂，
在如意寶鑑當中，

只看到世界純潔無濁，
啊，但願你永遠不要看到它的面目赤裸。

（二）激進色彩

在阿佛烈的遺稿當中，存有一本未完稿的小說，名為《兄弟與姊妹》，可能是一八六二年前後所創作的。

如果將這部作品稱為小說的話，那它就是一篇很糟糕的小說，尤其是在措辭方面。之所以如此，可能是由於當時的瑞典小說就良莠不齊，他在模仿一些小說，而不是在創作小說。

文中對於個性的描寫幾乎是幼稚的，對話也生硬而浮誇。阿佛烈原本也不想描述什麼故事，他的興趣和長處是完全集中在想像之上，因此在小說當中，他也讓自己的想像力得到了任意地發揮。

下面選錄了幾段對話，讓讀者來瞭解一下阿佛烈小說的風格：

（二）激進色彩

「杜華小姐，你那兒有你的歷史？」沙格姆斯基說，「但是不論到哪裡，總得有個形式，就像一般人所穿的衣服，是追隨時髦新朝的樣式，所以他們也得規定他們的信仰。」

「如果這是一條通用的慣例，」愛斯華說，「從此應該消滅自由的信仰，人們應被迫按照制定的模式去思想，無論是在宗教方面或是其他方面。杜華小姐，我承認我的主張和你是同流的。思想有他自然的界限，當它前進時，無須人類的管束。我們確是被包圍在一個永恆的謎團裡，永遠有我們不能解答的神祕；當我們何必因為不敢揭示真理，而情願推廣那些神祕的事物呢？在文化上，我們已經有了偉大的成功，不能不歸功於真理。當我們受到偏見的束縛，我們的結論一定要遵循思想的自由，為我們唯一而真正需要的保護者，來對付國王們與教士們在無知的情況下，在教義的幌子下所犯的罪惡。」

「你的意思是說，《聖經》應該公開地接受批評和輕蔑嗎？」詩人問。

「沒有一件不易引起誤用和誤會的事，」愛斯華說，「不然我們越想批評《聖經》，那裡面的永恆真理就越明顯，而許多陳腐和荒謬會妨礙較好的教義去產生更大的影響，使得我們對於永恆的創造者及指導者，不是懷著更高尚的敬意。」

……

從以上部分作品風格可以看出來，阿佛烈的作品同他早年的詩一樣，都帶有明顯的宗教意識。

另外還有一個沒寫完的故事，名為《最快樂的非洲》。這個故事與《兄弟與姊妹》一樣存在著很多不足的地方，但也表現出了阿佛烈的生平思想。因此，《最快樂的非洲》也可以算得上是他的政治意見的宣言。

在故事的對話當中，阿佛烈的表白帶有很強烈的激進色彩，而幼年期俄國流行的虛無主義也對他產生了很大的影響。但是，在阿佛烈的心中，他不相信群眾能夠瞭解政治，他也不贊成普選，更不相信代議制，他更願意政府具有獨裁的力量。

借助書中的主角艾文尼，阿佛烈發表了他的看法。在文中，艾文尼代表的是激進派，而所謂的「我」則代表的是反動派，主張絕對地服從於傳統的國王。

下面摘錄幾段書中的內容：

（二）激進色彩

艾文尼以輕蔑的口吻問：

「哪怕他們是近乎軟弱的人，他們就是罪人嗎？」

「那他們很少是這樣的，」我回答說，「因為上帝所立的王，自有他們天賦的才能，不至於有心理的欠缺或犯罪的傾向。但是，你既然這樣苛刻地批評並詆毀神聖而尊貴的國王，你到底想用什麼較好的統治來代替他？」

「你的問題使我感到很為難，」艾文尼說，「我一定承認這個和那個一樣壞。如今所實行的三種政體，差不多同樣都沒有價值。」

這時我旁邊有人問：

「那麼這三種政體是什麼呢？」

「民主專制、君主立憲和民主共和。」艾文尼回答說。

「但這是現今世界上僅有的政體，」我驚呼著，「你的意思是說他們都是壞的嗎？」

「結果證明是這樣的。」艾文尼回答說。

為了維護他的辯論，艾文尼開始批評傳統的君主專制政體，批評得痛快淋漓。但他發對君主立憲制的意見卻比較有趣。

……

(三) 專利細菌

在一八九五年時，在著名的「無煙火藥」案件中，阿佛烈敗訴。這件事曾引起英國輿論界強烈的迴響，阿佛烈也從中痛定思痛，決定用英文寫成一篇諷刺性的喜劇《專利細菌》，題旨便是這一案件。

儘管阿佛烈並不熟悉阿里斯托芬的喜劇，但在風格上，他的作品內容卻很傾向於這位古代的大詩人。

凡是不熟悉阿里斯托芬時代的雅典政治情況的人，對阿里斯托芬都不是很瞭解，因此阿佛烈的喜劇對那些不熟悉「無煙火藥」案件真相的人來說，自然也是無法瞭解的。而且，阿佛烈也缺乏阿里斯托芬喜劇中那種無處不在的幽默感，這一點他自己好像也感覺到了，所以在寫完幾章，並經過許多修改之後，他就扔在了一邊，沒有繼續寫下去。

還有一本未完成的劇稿，名叫《想像下的犧牲者》，寫的是一位銀行家果爾曼與他的妻子的故事。

阿佛烈唯一完成的一部作品，是一部名叫《復仇女神》的戲劇。這部戲劇的情節與雪萊的詩劇《鐵西》有著異曲同工之感。

一八九六年三月，阿佛烈在給貝爾塔夫人的信中寫到：

我近來由於生病不能擔任比較繁重的工作，只好寫一部悲劇。除了有幾處還要潤色一下之外，我算是完稿了。這部劇本的題旨，是關於比阿特麗絲．欽西的動人故事，不過我的敘述方法與雪萊完全不同。

在這部悲劇當中，我把亂倫的動機說得不那麼惹人厭惡，即便是最好責難的群眾也不致於注目及此；但是那位父親方面的卑賤已經暴露無遺，所以報復雖近兇殘，卻也是完全自然的，實際上是一種義務。我想看看這個小劇本是否有人願意排演，我覺得它在舞台上應該能產生不錯的效果。這是用散文式的筆法寫成的；我不愛聽對話裡的詩——那聽起來好像很不自然。

《復仇女神》於一八九六年在巴黎出版，但遺憾的是，阿佛烈並沒有親眼看到它的問世就去世了。他的朋友們認為：「這樣拙劣的作品有損於回憶這樣的偉人。」所以，這部作品只被留下了三部，其餘的則全部予以毀棄了。

對於這種做法，有人認為：

「這樣做是非常妥當的，因為如果不這樣做的卷，人們就可能會對他存有錯誤的觀念。阿佛烈．諾貝爾的確是一位詩人，他有詩人的人生觀。在他年輕的時候，可以用詩來表現他的思想，但這種能力卻隨著他年齡的增長而消逝了。」

阿佛烈不僅天生喜愛文學與寫作，在語言方面也顯示出了非凡的才華。在青少年時期，他就喜歡對語言進行刻苦鑽研，後來更是能夠通曉俄、法、德、英等多國的語言。

幸運的是，在諾貝爾基金會的檔案室中，保存著他數以千封的書信和草稿副本。它們的時間跨越長達四十年之久，從二十五歲開始從事技術和商業活動開始，直到他去世時為止。後來，諾貝爾基金會還取得了幾百件書信和作品的原稿。

這些書信都是用小字，並以剛勁、清晰的筆跡書寫的，可以說已經達到了工整美觀的地步。而且，這些書信都是用收信人的母語，包括瑞典文或其他主要歐洲語言寫成的。在這些信件當中，還夾雜著少量的外語，用來表達有著細微差別的情感，甚至某些信件中還出現了哥特文和俄文。

在阿佛烈去世之後，除了留給世人巨額的財富及無數的發明創造之外，還留下一個私人圖書館，其中藏書多達一千五百餘卷，內容涉及文學、哲學、歷史、科學等諸多領域。除此以外，還保留有大量的信件，以及他早期手寫的詩歌和小說等。由此可見，阿佛烈·諾貝爾在遺囑當中設立的文學獎與他對文學的濃厚興趣是分不開的。

（三）專利細菌

第十四章　友情抑或愛情

人生有一件不幸的事，就是迴避有教養的社會，忽視與善於思考的人交流思想，最後失去了這種活動的能力，犧牲了自己獲得的和別人的尊嚴。

——諾貝爾

（一）柏拉圖式的愛情

阿佛烈一生也沒有結婚，然而卻也經歷了幾次比較難忘的戀情。

在青年時期，阿佛烈曾在巴黎與一位法國姑娘有過短暫的戀情。但後來姑娘因病離世，給阿佛烈造成了巨大的打擊。此後的阿佛烈便滋長了某種遠離異性的習慣，推崇一種柏拉圖式的愛情，追求與肉體關係絕緣的愛。

到了暮年，他依然夢想著這種崇高的愛情。那時，在他所寫的一個劇本當中，他借聖母瑪利亞的口說到：

「宛如昨天才發生的一樣，我清楚地記得聖靈怎樣賦予聖子以生命，沒有床第之樂，可是那一陣愉悅只有在天堂才能享受。」

到了一八七五年時，阿佛烈在發明炸膠之後，忽然產生了一種如釋重負的感覺。回到寓所後，他請人將寓所重新裝飾了一番，並給空著的房間都配上家具。

當一切都裝飾好之後，阿佛烈忽然感到缺少一位有教養、懂應酬、辦事幹練、像女主人一樣的女管家，最好還能夠擔任女祕書的職務。

可是,到哪裡去請這樣一位理想、稱職的女性呢?

阿佛烈首先想到了奧地利的維也納,雖然他去維也納的機會不多,但每次去都給他留下了很好的印象。他喜歡那裡歡快的氣氛,而且那裡的女性都比較有教養,尤其擅長外語。

於是,阿佛烈就動筆寫了一則廣告。廣告只有寥寥數語,簡單明瞭:

居住在巴黎的一位有錢的、受過高等教育的老紳士想要聘請一名掌握多門語言的成年女子擔任他的管家兼祕書。

一八七六年,三十三歲的貝爾塔．金斯基以阿佛烈的祕書兼管家的身分,走進了阿佛烈的生活。

貝爾塔出身貴族,舉止優雅,氣質不凡,而且很有學識。只可惜這個古老的貴族世家到了她這一代已經衰落,她不得不憑藉自己的能力自謀生路。

當她看到廣告上要求「掌握多門語言」、「成年女子」的條件與自己符合時,就決定試一試。於是,她就提筆給阿佛烈寫了一份文筆簡潔、措辭懇切的自薦信。

第十四章　友情抑或愛情

沒過幾天，貝爾塔就收到了阿佛烈的回信。在信中，阿佛烈向貝爾塔介紹了自己的工作飄忽不定，必須四海為家，這可能會給她的工作帶來相應的困難，同時還介紹了自己的一些習慣和愛好。

收到信的貝爾塔顯然比上一次更自信了，她馬上又寫了一封信，向阿佛烈表明了自己的態度。

幾次通信後，聰明的貝爾塔便整理出了巴黎這位「老紳士」的基本情況：

此人思路清晰，頭腦靈活，語言也頗為風趣幽默；他的知識極其淵博，在哲學上具有很深的造詣，應該讀過不少書；他出生於瑞典，俄語是他的第二母語，但運用其德語、法語、英語等也極為嫻熟。不過，從他的言語當中，也流露出一絲的憂鬱與傷感，有點像詩人，又似乎有點厭世傾向。

與此同時，阿佛烈對貝爾塔的才智也頗為滿意。沒多久，貝爾塔就收到了一封簡明扼要的簡訊，詢問她什麼時候可以來巴黎任職。

這一次，貝爾塔沒有絲毫猶豫，果斷地決定啟程前往巴黎。

（二）失敗的愛情

貝爾塔於一天清晨到達目的地巴黎，阿佛烈親自到車站去接這位未來的祕書兼管家。

當貝爾塔見到阿佛烈時，頗感意外。因為她想像中的「老紳士」應該是一位慈眉善目、白髮蒼蒼的老者，說不定身體還不算太硬朗；而眼前的阿佛烈明明不過四十歲出頭，中等身材，滿臉的絡腮鬍子，一雙碧藍的眼睛炯炯有神。

阿佛烈也對這位漂亮的未來「女祕書」產生了好感，貝爾塔比他想像中要漂亮、端莊：明淨的前額微微隆起，勻稱姣好的鵝蛋臉，秀氣而挺直的鼻樑，雙唇紅潤，嘴角掛著一絲毫不掩飾的好奇的微笑，真誠、友善，一看就是一位知書達理、聰明智慧的女性。

兩人見面後彼此並不感到陌生，對許多話題都有著共同的興趣。貝爾塔驚訝地發現，眼前這位才華橫溢、功成名就的企業家居然對世人的膚淺、虛偽和輕薄感到刻骨的厭惡，他經常沉浸於自己的書籍和實驗室當中，而且樂此不疲，彷佛這個小天地當中容納了他全部的生活。

貝爾塔在受僱之後，曾將自己對阿佛烈的看法寫信告訴她的朋友們：

諾貝爾先生非常富有，在巴黎有一棟豪華別墅，他的生活起居從不受人干涉。他經常喜歡一個人駕車出遊，從不願意邀人同行，性情有些孤僻，並堅持他的獨身主義。

但對於詩歌和小說來說，他很清楚：獨學而無友，必定會孤陋而寡聞。所以，他需要能夠共同研讀交流的夥伴，凡是有文學家聚會的地方，他必定會前往參加，並洗耳恭聽別人的見解。

我也會時常與他談論文學，他特別喜歡雪萊的詩，並且深受雪萊和平主義的影響。

貝爾塔還發現，阿佛烈的骨子中並不是一個徹頭徹尾的悲觀主義者，他對人類的未來抱著一種樂觀明朗的態度。更讓貝爾塔吃驚的是，阿佛烈發明的炸藥居然在軍事上被廣泛地應用著，而他卻在從事一項與此截然相反的發明：

「我希望可以發明一種物質或一種機器，它具有極強的破壞力，將使人們不敢輕

（二）失敗的愛情

易發動戰爭，或許，這項發明可以使戰爭從地球上消失。」

阿佛烈的話語得到了貝爾塔的熱烈回應，因為貝爾塔本人對哲學和自然科學等方面的進展都瞭如指掌，而且觀點深刻明晰。作為一名女性，尤其是貴族的女性，這是一件很難得的事，這也給阿佛烈留下了非常深刻的印象，他對這位女祕書十分滿意。

不過，細心的阿佛烈漸漸發現，貝爾塔雖然單身，但卻並非無牽無掛。自從來到巴黎以後，似乎有一樁心事一直在困擾著她，讓她時常心神不寧。

在阿佛烈的再三追問下，貝爾塔向他吐露了自己的心事。

原來，貝爾塔在維也納時曾被當地一個有錢的男爵家聘請為家庭教師，負責教男爵家中的四個女兒。男爵家中有一個英俊的兒子名叫阿瑟，比貝爾塔小七歲，是個多才多藝的小夥子，尤其彈得一手出色的鋼琴。貝爾塔被阿瑟的才華深深地吸引住了，而阿瑟也愛上了氣質優雅動人的貝爾塔。兩人很快就相愛了。

一開始，兩人是瞞著男爵和男爵夫人的，但最終還是被他們知道了。此後，男爵夫人對貝爾塔十分冷淡。羞怒之下，貝爾塔便離開了男爵家。就在這時，她看到了

第十四章　友情抑或愛情

阿佛烈刊登的廣告，便應徵來到了巴黎。

貝爾塔還告訴阿佛烈，自從她來巴黎後，經常收到那些女學生的來信。她們告訴她，阿瑟現在情緒低落，整天一副失魂落魄的樣子。每每收到這些信，她都會非常難過。

聽完貝爾塔的往事後，阿佛烈沉默了良久，然後對貝爾塔說：

「事情既然注定沒有結局，那麼就不要讓它再無限制地牽絆你了。當斷不斷，反受其亂，你完全可以開始全新的生活。」

終於，阿佛烈鼓起勇氣，向貝爾塔吐露了自己想要娶她為妻的念頭。從接觸貝爾塔的第一天起，她就讓他遺忘多年的愛情死灰復燃了。

第二天，阿佛烈要到斯德哥爾摩參加一個新的達納炸藥廠的開工典禮。起初他有些遲疑，不想在貝爾塔決定之前離開她。可是，他又覺得自己無權干涉貝爾塔的選擇。

阿佛烈抵達斯德哥爾摩的當天，就給貝爾塔發了一份電報：

（二）失敗的愛情

「平安抵達，將於下周回巴黎。」

同一天，貝爾塔還收到了另外一封來自維也納的電報：

「沒有你我無法生活。」

看到阿瑟的這封電報，貝爾塔的心都要碎了。她當即決定返回維也納與阿瑟見面，甚至沒來得及向阿佛烈道別。

登上火車後，貝爾塔發了一封快信給阿佛烈，向他表示了深深的歉意。

回到維也納後，貝爾塔很快就與阿瑟結婚了。阿佛烈在得到這個消息後，雖然深感遺憾，但也默默地祝福貝爾塔，希望她得到幸福。阿佛烈覺得，在以後的日子裡，貝爾塔與他之間應該不會再有交集了。

然而令阿佛烈沒想到的是，在未來的人生道路上，這位堅強美麗的女性會給他的思想和生活帶來極大的影響。

（三）和平事業

在一八八七年前後，阿佛烈意外地受到了貝爾塔的一封簡訊。現在，她已經是貝爾塔．蘇特納夫人了，夫婦二人此行是特意來巴黎看望阿佛烈的。

阿佛烈非常高興，熱情地接待了他們。貝爾塔與阿瑟結婚後，兩人生活得十分幸福，這也讓阿佛烈很欣慰。

這一次，貝爾塔興奮地告訴阿佛烈，她現在已經是國際和平仲裁聯盟的一名成員了。阿佛烈顯然有些不解，因為他對於這個聯盟瞭解甚少。而貝爾塔卻一再熱情地邀請他加入這個聯盟來：

「您知道，幫助別人是我一貫的心願，而這個組織無疑將使無數的人受益。它的綱領是製造公眾輿論，建立一個國際法庭，解決國家之間的爭端，以達到杜絕濫用武力的目的。諾貝爾先生，我相信這與您發明製造武器卻希望世界和平的觀念是不謀而合的，所以，我真誠地希望您能夠為和平事業盡一份力。」

阿佛烈被貝爾塔的這一建議觸動了：

（三）和平事業

「我？我能夠做些什麼呢？」

貝爾塔熱切地想將阿佛烈介紹到和平運動的陣營當中：

「您能做的太多了！在普通人的眼中，諾貝爾這個名字就意味著炸藥、死亡、戰爭，而如果諾貝爾能夠成為一名和平主義者，那麼和平事業的影響就一定會更加壯大。」

一八九零年，貝爾塔的自傳體小說《放下武器》出版了。在這部小說當中，貝爾塔對那些將戰場上的犧牲和勇敢吹捧為人類美德的無稽之談給予了猛烈的抨擊，表達了對和平美好生活的嚮往。

俄國著名作家列夫．托爾斯泰在看到這部小說後，對貝爾塔的呼籲十分贊同。他給貝爾塔寫了一封信，高度地評價了貝爾塔的這部作品，並將她與著名的作家斯托夫人相提並論：

「我正在拜讀您的小說《放下武器》……在廢除奴隸制以前，曾經有一位女作家的名著問世，那就是比徹．斯托夫人寫的。但願您的傑作誕生之後，上帝能夠允許戰爭從人類的世界中消失。」

第十四章　友情抑或愛情

貝爾塔的作品一出版，阿佛烈就認真地拜讀了。但遺憾的是，當時的他還沒有意識到這部作品的價值，而是僅僅從文學角度進行了欣賞。

一八九二年八月，在瑞士伯恩召開了一次國際和平大會，貝爾塔熱情地邀請阿佛烈前來參加。但令貝爾塔失望的是，直到大會開幕，阿佛烈也沒有出現。

大會進行了幾天後，有一天，忙碌了一上午的貝爾塔正在旅館房間的陽台上閉目養神，想讓自己緊張的神經放鬆一下，這時，服務員進來說，有位先生要見她。

貝爾塔以為一定是大會的工作人員來找她，可是隨著那一聲聲堅定的腳步聲越來越近，一個熟悉的聲音也跟著傳進了貝爾塔的房間。

貝爾塔又驚又喜，慌忙從椅子上跳起來，因為她知道，這個來的人就是阿佛烈·諾貝爾。

「諾貝爾先生，您怎麼也不打個招呼就來了呢？」她不由自主地嗔怪起阿佛烈。

「貝爾塔，我為我的冒昧向你道歉，希望我沒有打擾你。其實我這次來找你，是希望你能夠滿足我的一個小小的要求。」阿佛烈向貝爾塔說明了他的來意。

（三）和平事業

原來，阿佛烈此行的目的是想瞭解一下這次大會的情況，但他不想暴露身分，也不想正式參加會議，他希望貝爾塔能夠安排他在底下偷偷聽一聽就行了。

聽到阿佛烈對大會產生了興趣，貝爾塔很高興。她很快就給予阿佛烈肯定的答覆：

「我完全可以滿足您的要求，諾貝爾先生，相信您如果出席會議的話，一定會對我們的和平事業產生深入的瞭解。」

接著，她將前一階段大會的進展情況詳細地向阿佛烈做了介紹。

接下來的幾天，阿佛烈出席了會議，認真地旁聽了代表們的討論。他們的熱情與思想讓阿佛烈感到震驚，同時也深受感動。

為了讓自己的思考更加深入，大會結束後，阿佛烈邀請蘇特納夫婦陪伴他在瑞士的蘇黎世住了一段時間。在與蘇納特夫婦的進一步交流中，阿佛烈對和平事業也有了更深的認識和感受，並開始嚴肅認真地思考起人類未來的命運來。

第十四章　友情抑或愛情

第十五章　糾結的苦戀

世界上沒有任何能夠不被誤解或不被人講壞話的事情。

——諾貝爾

（一）遇見蘇菲亞

阿佛烈一生都致力於科學研究與實業，終生未婚。然而鮮為人知的是，他曾與一位維也納的賣花少女有過一段刻骨銘心的愛情經歷，這段感情整整持續了十八年。

在一八七六年秋，阿佛烈與路德維希在普雷斯堡見面，一起商量幫助羅伯特在巴庫開設油田之事。

在返回巴黎的途中，阿佛烈在維也納南邊的巴登溫泉停下來過週末。在這裡，阿佛烈遇到了兩位商界的朋友，這兩位朋友邀請他一造成自己的別墅吃午飯。

在赴宴的路上，阿佛烈走進一家花店，準備給女主人買一束鮮花，一位年輕美麗的女店員上前過來接待他。

見阿佛烈說不清想買什麼花，女店員就很熱心地主動幫忙，詢問女主人與他是什麼關係？多大年齡？結婚沒有？

雖然覺得女店員這樣打聽別人的私事有點好笑，但阿佛烈還是如實地回答了。

(一) 遇見蘇菲亞

當阿佛烈從女店員手中接過她為他選好的花束後，他情不自禁地邀請這位名叫蘇菲亞的姑娘午飯後與自己一起散步。蘇菲亞喜形於色，很高興地答應了。

在朋友家的午宴結束後，阿佛烈便來找蘇菲亞。他們騎著馬，一起慢行在一片風景優美的松樹林間，清新的空氣令阿佛烈陶醉，心情也越發愉悅。但蘇菲亞對風景似乎沒什麼興趣，看著體面紳士的阿佛烈，她更想知道他的職業。

阿佛烈看出了蘇菲亞的心思，故意賣關子，讓她自己猜。

「我猜想，您一定是一位大學教授！不對？那麼就是個生意人了，還不對？那我就猜不出來了，您還是告訴我吧。」

她猜得很離譜，讓阿佛烈樂不可支。他詼諧地提示說，自己是個發明家，能在最短的時間內殺傷很多人。

「那麼你一定很有錢了？」蘇菲亞連連咋舌。

阿佛烈不置可否，機靈的蘇菲亞見狀，認為阿佛烈已經是默認了。

兩人聊得很愉快，而且很快就熟悉了對方的情況，彼此之間的好感也迅速增長。

第十五章　糾結的苦戀

幾天後，兩人便經常約會，一段不可遏止的熱戀就這樣開始了。阿佛烈甚至還親自去蘇菲亞寒酸破敗的家庭中，去拜會她的家人。

蘇菲亞的父親在維也納開了一家小店，賣一些便宜的糖果等；她的母親是個很有心計的女人，而且性情憂鬱，說話時嘴角總是露出一副虛偽的微笑，眼裡閃爍著狡猾冷酷的光芒。

蘇菲亞是家裡的長女，她還有三個妹妹。她在巴登的一家花店裡打工，賺點微薄的薪水貼補家用，但她的母親卻總是希望她能被哪個闊佬看中，從而讓一家人交上好運，這樣一家人就不用為每天的生活的發愁了。

阿佛烈雖然不喜歡蘇菲亞的家人，但卻沒有因為這些而看不起蘇菲亞。相反，他更覺得蘇菲亞十分可憐，也更想讓她過上好日子。

在享受甜蜜愛情的同時，阿佛烈也需要經常奔波於巴黎和維也納之間，這讓他頗受勞頓之苦。為了解決這個難題，阿佛烈打算等蘇菲亞的法語學好後，就將她帶到法國，這樣兩人就可以朝夕相處了。

在一次見面中，蘇菲亞埋怨阿佛烈總是在出差過程中順便才去看她，這讓她很不滿。她提出想要離開那個窮困的家庭，跟阿佛烈到法國去。

儘管阿佛烈很擔心蘇菲亞的法語水準，但挨不過她的央求，心一軟，就答應了她，將蘇菲亞帶到了法國。

(二) 家庭與愛情

蘇菲亞來到法國後，阿佛烈為她在巴黎買了一套房子，面積不大，但非常華麗舒適，距離他的寓所也很近。他還為蘇菲亞請了一名女僕和一名廚師，還打算聘請家庭教師來專門教授蘇菲亞學習法語，同時也指點她知識上的空白。

之後的幾天，阿佛烈便領著蘇菲亞走遍了巴黎的大街小巷，熟悉巴黎的風土人情。他希望蘇菲亞能夠儘快熟悉這裡的環境，並且逐漸融入他的生活。

阿佛烈一向青睞於巴黎的那些藝術殿堂，對於名勝古蹟也是情有獨鍾，因此特意帶著蘇菲亞參觀了這些地方，滔滔不絕地為她講述這些名勝的典故。可是，蘇菲亞對這些卻毫無興趣，她似乎只對物質的東西感興趣，唯有華麗的衣服、名貴的首飾才能刺激她的衝動與熱情。

同時，蘇菲亞性格上的一些缺點也逐漸暴露出來，她時而高興，時而任性，有時甚至變得難以駕馭。她經常抱怨阿佛烈陪她的時間太少，還鬧著要跟他一起去外面辦事。阿佛烈為她請了一位法語教師，教授她法語和社交禮儀等知識，她很快也就失去了興趣，總是拉著那位法語女教師出去花錢購物。

為此，阿佛烈與蘇菲亞之間也產生了爭吵。但很快，兩人又會和好如初。阿佛烈覺得，雖然蘇菲亞的思想很膚淺，考慮問題也簡單，但她看待世界的方式不複雜。這可能與她的家庭出身有關係，不幸的家庭令她失去了受教育的機會，但教育的缺失也讓她熱情、坦蕩，沒有那種貴婦人的矯揉造作。而且，蘇菲亞充滿了青春的活力，洋溢著生命的朝氣，就像一縷陽光一樣，為阿佛烈乏味單調的生活注入了新鮮的活力，日子也變得豐富多彩起來。

這樣一想，阿佛烈便忽略了蘇菲亞的缺點和瑕疵，並盡可能地幫助她改正。

不久後，蘇菲亞生病了，經過醫生診療後，也沒見痊癒。

而此時，阿佛烈要離開巴黎到外地去。一大堆不得不面對的人和事讓他深感厭煩，當他與自己不喜歡的人相處時，他感到自己那麼孤單，也感到蘇菲亞對他是那麼重要。

在這種情緒下，阿佛烈忽然產生了一種遏制不住的慾望，決定安排蘇菲亞以他未婚妻的身分去斯德哥爾摩見他敬愛的母親。於是，他匆匆拿起筆給蘇菲亞寫了一封信，告訴了她這一消息，隨即便寄出去了。

收到阿佛烈的信後，蘇菲亞簡直太高興了。可一想到要與阿佛烈的家人見面，要經受一番考驗，她又開始忐忑不安起來。

動身去斯德哥爾摩的日期越來越近了，阿佛烈開始意識到，自己的這個決定太過於輕率了。母親一向喜歡賢惠能幹的女子，而蘇菲亞的教養、品性、談吐無疑都不符合母親的要求。如果將蘇菲亞帶到母親面前，母親不僅不會高興，還可能會徒增憂慮。

想到這些，阿佛烈幾天都悶悶不樂。但如果反悔的話，又會傷了蘇菲亞的心。這真是令他一籌莫展。

但最終，他還是決定遵守諾言，帶蘇菲亞去見母親。

就在這時，蘇菲亞的身體又出現了不適。這讓阿佛烈又回想起母親的警告：不論那個姑娘多麼聰明可愛，都必須有一個健康的身體。對母親來說，阿佛烈自幼身體羸弱，她希望他能夠找一個健康的妻子，既能照顧他，也好讓下一代的身體更健康一些。

於是，阿佛烈告訴蘇菲亞，母親對他的未婚妻身體健康十分關心。蘇菲亞聽完後，沉默了半天，然後決定不跟阿佛烈去斯德哥爾摩了。

蘇菲亞的話讓阿佛烈鬆了一口氣，只是盡力勸說蘇菲亞要注意健康。隨後，蘇菲亞又提出要去德國療養，以便身體能夠早日康復。

不久後，阿佛烈便回到斯德哥爾摩為母親慶祝生日，一家人歡樂地在一起。當看到路德維希夫婦互敬互愛、二十多年的生活越來越美滿時，阿佛烈忽然意識到，如果蘇菲亞也在這裡，那將是多麼的不協調，他暗暗慶幸自己沒有帶蘇菲亞回來。於是，阿佛烈決定中斷與蘇菲亞的關係。

就在這時，阿佛烈收到了蘇菲亞的一封信。透過信中的內容，阿佛烈感覺蘇菲亞有些越軌的行為，嫉妒讓他苦悶萬分，情緒也變得異常激動。於是他在給蘇菲亞的回信中大發脾氣。

但很快，他又擔心蘇菲亞會生氣了，於是又立即發了一封電報給她，請求她的原諒，希望她不要因為他信中的不友好而生氣。回到巴黎後，兩人又和好如初了。

（三）諾貝爾太太

阿佛烈經常去看望蘇菲亞，除此之外，他就通宵達旦地在實驗室中工作。沒有阿佛烈的陪伴，蘇菲亞很生氣。於是，她就經常到巴登、米蘭、波爾察諾等上層社會喜歡的去處遊玩，這也令她沒有固定的住址，還常常收不到阿佛烈的信。這讓阿佛烈很操心，也成了兩人互相猜忌和誤解的根源。

蘇菲亞雖然出身於經濟拮据的家庭，但自從有了阿佛烈的資助後，她就開始任意花錢揮霍。阿佛烈對她這樣亂花錢的行為很反感，但是，每次他都會寬宏大量地替她付清欠款。

因為深愛蘇菲亞，阿佛烈經常為她牽腸掛肚，想到她到處一個人漂泊，沒人照顧，就感到很心疼。可是，蘇菲亞並不聽阿佛烈的勸告，依然我行我素。這樣，阿佛烈就不得不每隔一段時間抛開手中的工作，跟著蘇菲亞東跑西顛。

阿佛烈悲哀地發現，這期間他的智力大不如前，思維也不像以前那樣敏捷了，反應開始變得遲鈍。在這些年間，雖然他也通宵達旦地在實驗室工作，但卻沒有取得任何成果，也沒有申請任何專利。煩惱和苦悶的情緒驅使他將自己在工作上的失敗歸咎於蘇菲亞。

雖然蘇菲亞給阿佛烈帶來了很多煩惱與痛苦，阿佛烈也一次次下決心結束兩人的關係，但到了最後，只要一見到蘇菲亞，感情的陰霾會再次驅散，他依然心甘情願地為她付錢，陪她到處奔走。他甚至接受蘇菲亞的建議，買下了他們一直租住的大別墅。

為了佈置這所別墅，阿佛烈感到筋疲力盡。他被蘇菲亞拖累得太疲乏了，但他還是沒有說出口。

為了維護蘇菲亞的名譽，防止周圍的鄰居說三道四，阿佛烈決定和蘇菲亞裝成夫妻，並以諾貝爾太太來稱呼蘇菲亞，在給蘇菲亞寫信和發電報時也稱她為蘇菲亞·

（三）諾貝爾太太

諾貝爾太太。

但很快，阿佛烈就感到後悔了。蘇菲亞很喜歡這個大名鼎鼎的姓氏，這讓她的虛榮心得到了極大的滿足。而且，她總是喜歡自己動手給別人寫信，想寫什麼就寫什麼，絲毫沒有意識到她這樣做給阿佛烈帶來的困擾和麻煩。不少收到信的人看到她的信時，都會大吃一驚，不敢相信諾貝爾先生這樣有教養的紳士居然找了一個幾乎沒什麼教育程度的女子做妻子，有幾個人還有意無意地向他打聽這件事。蘇菲亞的這種任意妄為的做法，把阿佛烈弄得狼狽不堪。

隨著時間的流逝，這些矛盾也日益激化，往日的恩愛和激情和日漸消退。

從一八八三年到一八九三年的十年間，阿佛烈整日為工作忙碌奔波，再加上二哥路德維希和母親先後去世，他在精神上受到了巨大的打擊，蘇菲亞在他生活中的作用也日益降低。他們的愛情也漸漸冷淡下來，只是偶爾會有一點書信來往。

一八九一年春，蘇菲亞懷了孩子，不過，即將做父親的人卻不是阿佛烈，而是一個匈牙利貴族出身的騎兵軍官。

得到這個消息後，阿佛烈反而如釋重負。同年七月，蘇菲亞生下一個女兒，不久便與那位軍官結了婚。她與阿佛烈之間維持了十八年的愛情就此劃上了句號。

蘇菲亞是個揮霍無度的女人，阿佛烈定期給她津貼，但她還是到處借錢，債台高築。後來，為了保障她未來的生活，阿佛烈透過律師將價值十五萬奧地利佛洛林的債券存入一家維也納銀行，每月付給她五百佛洛林。

一八九四年九月，阿佛烈曾到維也納看望過蘇菲亞，發現她們母女生活得很愉快，他感到很欣慰。

阿佛烈聰明、堅強，在事業上碩果纍纍，在發明的道路上也是不斷挑戰自己，然而，他的內心又極度敏感、脆弱，需要感情的慰藉。悲哀的是，蘇菲亞與他在思想、教育層面上存在著無法踰越的鴻溝，兩個人就像是兩條平行線一樣，無論怎樣延伸，最終都無法相交。

第十六章　致力於和平事業

工作美化了一切，勞動思想創造出一個新的生命，在新的生命中我們能免除奢侈和享樂，再也不會感到厭煩。

——諾貝爾

（一）戰爭與和平

一八八八年，阿佛烈的二哥路德維希因心臟病離開人世。當時，法國的一家報紙誤認為是阿佛烈去世了，便刊登了一則訃告，稱他為「死亡商人」，稱他一生所有的發明都是「毀滅和滅絕生靈」的行為。

看到這些報導，阿佛烈簡直驚呆了。他一生有過許多崇高的理想，也有過大量的善舉，渴望得到社會的理解和承認；他也一直自視為是一個理想主義者和藝術家，是愛好和平的忠誠衛士，而現在，他發現自己在別人的心中居然扮演的是一個惡魔一般的角色。

的確，當時很少有人能夠理解阿佛烈的真正心跡。身為一個發明、生產炸藥的商人、大企業家，他很容易被人們看成是一個唯利是圖的人，然而在內心深處，他卻是個熱愛和平與自由的人，對人類的前景充滿了美好的嚮往。

一位終生與戰爭和炸藥為伴的人，同時又是一位熱愛和平的人，這在外人看來是十分矛盾的。阿佛烈不斷發明新型炸藥，其初衷並不是為了挑起戰爭，而是為了將它用於修建鐵路、開採礦山、開鑿運河和建設電站等這樣一些和平發展的事業，所以他的產品主要是用於工程。

直到十九世紀八零年代中期，阿佛烈的發明事業才傾向於軍事方面，如無煙火藥等。這種傾向無疑是炸藥本身，完全不是它的實際應用和商業價值，他只是作為一個發明家從純科學觀點出發的。直到成功發明了無煙火藥，他才從中取得了一定的經濟利益。

正是在阿佛烈陷入苦苦思索之時，一位曾經在他的生活中出現過的女人出現在他的面前，她就是貝爾塔。

根據貝爾塔的傳記記載，阿佛烈對於和平運動的興趣完全是由她喚起的，這自然有點言過其實。在阿佛烈的幼年時期，就已經熱忱於人類的和平事業了。尤其是雪萊思想的影響，成為阿佛烈和平運動熱心的根本。在一八八七年他致力於發明軍事用品的時候，他的和平意識也更加堅決。

一八九零年，貝爾塔的《放下武器》出版後，引起了極大的迴響。當時，阿佛烈寫了一封動人而愉快的信給她，但對於她的意見並不完全贊同。在信的結尾，阿

第十六章　致力於和平事業

佛烈說：

你不該喊著「放下武器」這樣的口號，因為你有動人的作風和偉大的想像，這就是說，你自己也需要武器……

一八九一年九月，貝爾塔又在《新自由報》上發表了一篇討論戰爭和軍備的文章，因此又收到了阿佛烈的信。信中說：

我很喜歡看到你那篇非難恐怖——戰爭的文字，居然登載於法國的報紙上，不過我怕在一百個法國讀者中，就有九十九個是主戰狂，這裡的政府差不多能理解；人民卻相反，他們醉心於成功與虛榮。這是一種好的發酵劑，能比酒和嗎啡減去很多傷害力——除非引起戰爭。你的筆現在往哪裡去了？你用殉道者的血寫成這個東西後，我們能否看到將來仙境一般的前途，或是思想家所設計的烏托邦的國家？我的同情在哪一方面？不過，我的思想游離不定地傾向於另一個國家，在那裡的人民，即便不說話，也會受到苦楚。

我們可以從兩個方面來理解這封信。無論如何，阿佛烈並不是皈依此說的信徒，眼睜睜地等著和平賜福。從這封信中，我們可以看出阿佛烈有一種嘲諷的意味，他不認為貝爾塔這樣的做法可以停止戰爭。

（二）消滅戰爭

一八九一年十月，阿佛烈開始用比較切合實際的口吻給貝爾塔寫信了。而這次，他還批評了貝爾塔和其他堅持和平運動的朋友所擬定的和平方案。貝爾塔曾為宣傳和平運動的事請求阿佛烈給予經濟上的援助，阿佛烈就寄去了八十磅給她，並說：

我想我們需要的不是錢，而是方案。單靠決議是不能得到和平的，宴會和長篇演說也是如此。我們向有誠意謀求和平的政府提出可以接受的議案，如果沒有好處待人，徒然請求裁減軍備，那必然會惹人笑話；至於主張立刻組織仲裁法庭，也勢必會引起許多偏見，同時還會招致一般有野心的人。如果希望成功，應該從比較適當的地方入手，關於立法有疑問的事，應該採用英國的做法。

在英國，遇到這種情形時，就會頒布一種臨時的條例，有效期僅為兩年或者僅僅一年。我相信，如果能夠得到著名政治家的贊助，除了少數的政府，通常是會接受那些適當的提議的。我們的要求是很低微的，只要歐洲各政府在一年之內將各國所有招致嫌隙的事提交給特別組織的法院，或者，你們未曾做這項準備，那就在期限未滿之前應將敵對行動暫緩，這也許不怎麼重要，但凡是成大事的人，往往也會滿意於小的收穫。

這在國家的生命之途中，是稍縱即逝的。即便是一位最喜歡戰爭的大臣，當他看到這不久即將期滿的契約，也絕不會貿然去破壞它的。在契約期滿後，各國都願意再續約一年，這樣一來，不經過任何的動盪，大家都在不知不覺中得到了長久的和平。那時候，唯有在那時候，才能實際地考慮逐步解除軍備的方法，這是一般有理性的人和各國政府所希望的事。如果兩國政府發生了爭論，你想在戰爭爆發之前加以強制性地調和，他們的仇恨是不是十次會有九次因此而減少呢？

一八九二年八月，在瑞士伯恩召開的一次國際和平會議上，貝爾塔邀請阿佛烈參加，但他沒有去。後來在會議舉行期間，他特意來到伯恩，但沒有到會，只是簡單地與貝爾塔交流了一些有關和平運動的意見。

後來，貝爾塔又特意到蘇黎世拜訪阿佛烈。阿佛烈說：

（二）消滅戰爭

「我的工廠能比你們的回憶更快消滅戰爭。如果有一天，兩國的軍隊能夠在一秒之內彼此消滅，一切其他的國家都將因為恐懼而終止戰爭，並裁減他們國家的軍隊。」

對於自己從事和平宣傳的決斷，阿佛烈的確受到了伯恩這次會議的影響。當時，一位土耳其的退休外交家亞利斯泰．齊佩亞住在巴黎。他原任駐華盛頓的土耳其大使，由於某些原因沒有討得上司的歡心，領到一千法郎的養老金後就退休了。

在生活拮据之時，他曾請求過兩個人的幫助：一是魯特斯卡爾，任瑞典駐聖彼得堡的公使；第二位是瑞典外交部長路溫赫布。兩個人都轉請阿佛烈設法幫忙，阿佛烈毫不猶豫地就答應了。後來，一有機會，他就在自己經辦的許多機關內給這個土耳其人找一些適當的職位。

然而，那時並沒有合適的缺額，於是阿佛烈就聘請他做自己的私人顧問。他寫信給路溫赫布部長說：

我很難說有什麼適合的事務讓亞利斯泰先生能夠一展所長，但我對他提出了一些嘗試，想來他也是滿意的。這就是在一年的時間內，我約定不會辭退他。如果他認為有其他滿意的機會可以嘗試，他完全有自由離開。在這一年內，我付給他一點五萬法郎。當然，在那種條件下他接受了。

亞利斯泰先生對於英文、法文都很精通，在談話及寫作時也能巧妙地運用外交色彩的文字。不幸的是，我的事務大部分是科學方面的，在這方面，亞利斯泰先生不能有任何的幫助。再者，我有時也常用德文、瑞典文和俄文，他都不懂。但是，我們應該不在乎這些小的困難。

這封信可能寫於一八九二年十月前後。

(三) 遺產成立獎項

在一八九二年七月時，阿佛烈讓亞利斯泰過來幫助他。在八月下旬的和平會議期間，他得知這位土耳其外交家有困難，便詢問亞利斯泰是否願意讓他為他「提一件合乎你意的事」。亞利斯泰回答他悉聽尊命，於是在九月五日，阿佛烈給他寫了一封信，大意是希望亞利斯泰能夠將歐洲進行和平運動的情況隨時報告給他，並且要在

（三）遺產成立獎項

新聞媒體上鼓吹，以他昔日外交家的身分來幫助那些運動。

對於這一要求，亞利斯泰欣然接受，並在兩件備忘錄內都提及此事，還對自己的見解進行了闡述，表示完全贊同諾貝爾先生的主張。

十月，阿佛烈回到巴黎，他們又見面了。阿佛烈告訴亞利斯泰，他們的協定期限是一年，在這一年當中，阿佛烈受協議的限制，但亞利斯泰有接受其他機會的自由。對此，亞利斯泰也毫無異議，並且加深了阿佛烈的好感。

亞利斯泰是個很聰明的人，又擅長外交中漂亮的言辭。在第一次見面時，他就對阿佛烈的和平計劃作出了批評，認為裁減軍備和強制仲裁都是一種烏托邦式的理想。他認為，在報告的爭論與發動戰爭之間應該有較長的一段時間，令涉及到的兩國進行商洽。

亞利斯泰講得十分透徹，這讓阿佛烈對他也很信服。

十一月時，阿佛烈又寫了一封信給貝爾塔，信中對貝爾塔提出的仲裁計劃並不贊同。不過，貝爾塔並沒有因為那位土耳其外交家的批評而發生動搖，她在回信中說：

第十六章　致力於和平事業

在你上次的信中，你告訴我那位土耳其朋友的意見，就是懷疑仲裁法庭是否能夠實現。這種懷疑是我們和平會議的『專門家』見怪不怪的，答案就在論及這些問題的備忘錄當中。

雖然貝爾塔曾寄給阿佛烈這些小冊子，但這也沒有動搖阿佛烈對裁軍可能性的信仰。他堅持己見，認為防止戰爭最有效的方法就是利用聯合的軍事行動對付任何破壞和平的行動。

一八九三年一月，阿佛烈又給貝爾塔寄了一封信，這也是阿佛烈所採取的最後的和平方案。雖然這種方案也是烏托邦式的，但不論如何，它是阿佛烈一直以來都積極倡導的和平方案。

信中是這樣說的：

我想拿出我的一部分財產作為獎金，每隔五年頒發一次（我們應作六次計，如果三十年後我們還不能改良現行的制度，那就不免回復到野蠻時代了）。這筆獎金獎給無論男女、國別、只要是在歐洲宣傳普遍和平最出力的人。我並不是說裁減軍備，那需要經過很漫長的步驟才能成功；我也不是說國與國之間的強迫仲裁。我的意思是：所有的國家應該絕對地履行契約，對首先發難的國家加以制裁。關於這一層，我們應該早日得到結果——這無疑是實際上的結果，這樣戰爭就不會發生了。我們必須強迫任何國家，哪怕是最愛爭鬥的，或者聽候法院的裁決，或者按兵不動。如同三國聯盟一樣，實際上應不限於三國，而應聯合世界各國，這樣就能夠得到永久的和平了。

可能覺得自己一個人的力量不足以應付這樣的工作，同時也覺得亞利斯泰很讓他為難，因為亞利斯泰並沒有為他做過什麼，也不曾在新聞媒體上發表過一篇文章。因此，阿佛烈對亞利斯泰感到很失望。在一年期滿後，阿佛烈就告知亞利斯泰，說自己不願意再訂立契約了。

阿佛烈的決定令亞利斯泰十分震驚。他對阿佛烈說，自己在接到九月五日阿佛烈的信不久後，就接到了土耳其皇室的通知，要求他再次加入外交界服務。但那時因為接受了阿佛烈的幫助，他非常堅決的回絕了這件事。而現在，他想不到阿佛烈與他之間僅僅是一年的契約。阿佛烈的這個決定，對他來說簡直是晴天霹靂。

阿佛烈根本不再相信亞利斯泰的話，因為他已經看清了亞利斯泰的為人。他在給亞利斯泰的回信中，毫不客氣地拒絕了亞利斯泰：

我已經很忠實地進行了一年的實驗，但你所從事的和平事業卻一點也沒有前進。我沒有看到你為這件事動筆寫過什麼，至於由蘇納特太太發起的運動，也不曾見你介紹任何一個重要的人。

……誠然，你的意思是想採用完全不同的方法進行，並要創立特殊的宣傳機關。對於這個提議，一開始我們倆就是有爭議的。如果我對這種方法有一點興趣的話，我早就該找蘇納特太太了，因為她已經辦好了一個報刊。

現在，國會及政府都有意願接受仲裁法庭提議的傾向，並且覺悟還在群眾之上。凡是希望能發生效力的任何行動，都應該讓群眾參加，我希望你能努力達到這一目的。不幸的是，你的意見在起初就如此不同，我們在那時就應該終止談判了。但由於我的朋友告訴我，你那時在經濟上需要幫助，我就幫助了你，並與你訂立任意選定的契約。我也曾慎重地說明，只試用一年。……

亞利斯泰是個十分固執的人，他提議將他們的爭論提交到仲裁法庭，但阿佛烈拒絕了，最終兩人很不愉快的絕交了。

不過，這段經歷還是很有意義的，因為阿佛烈得以有機會發表自己對於和平問題的意見。

雖然發生了亞利斯泰那場風波，但這絲毫沒有影響阿佛烈對於和平事業的熱忱。在他去世的前一年，他曾寫了幾封信給他的侄兒加爾瑪．諾貝爾，表明了他的理想主義和實用主義的思想。

加爾瑪以為，阿佛烈是想在瑞典申辦一種報紙，以對他所經營的各項事業有所幫助。但阿佛烈回信說：

> 你以為我的目的是操縱市場是吧？不過，我如果主動辦一種報紙，結果反而是會引人反對的。我從來不顧及我個人的利益，這是我的個性。我經營新聞報紙的政策並不是用我的努力對付裁減軍備和那些中古時代留下來的東西，而是力勸他們，如果製造軍火，就應在國內製造。因為無論如何，不應該依賴國外進口產品的一種工業當然就是軍火製造業。既然瑞典有軍火製造廠，如果我們不設法維持，那不但可笑，還十分可憐。我主辦報紙的目的，就是要鼓勵或激起真正自由的意見。在國民的普遍智慧五倍於國內的現狀時，就應該有這樣的感化力了。

這封信是在一八九五年十二月七日寫的。在這前幾天，也就是十一月二十七日，阿佛烈在自己的遺囑上簽字，將自己遺產的一部分提出作為獎金，獎給那些「對於促進各國的和平關係，對於裁減和廢除常備軍，以及對於組織和增設和平會議最出力的人」。因此，讓世界永久保持和平是阿佛烈．諾貝爾一生始終堅持不懈的夢想。

第十七章　一名慈善的富翁

我不願資助一個半途放棄工作的人，
另一方面，我願幫助有夢想的人們。

——諾貝爾

（一）樂善好施

從幼年時期開始，阿佛烈就將幫助他人視為人生的一大樂趣。成年之後，他更是變得樂善好施。

在阿佛烈看來，沒有實踐的宗教不是真正的宗教。而他的宗教觀念，就是對人類的愛。

阿佛烈的外表看起來嚴肅冷酷，讓人難以接近，但其實他的內心充滿了慈愛。遇到窮苦之人，或者陷入困境的人，他絕不忍心坐視不管。

由於阿佛烈的慷慨大方是出了名的，在他事業如日中天之時，來自個人、團體的求助信也像雪花一樣紛紛飄到他的辦公室，讓他應接不暇。

「如果把困難告訴諾貝爾先生，他什麼都肯幫助你去做。」

處理這些信件花費了阿佛烈大量的時間，這也令他感到很苦惱：

「每天起碼有二十封求助的信件寄到我的辦公室，總金額平均有兩萬法郎，預計一年需要七百多萬法郎。這樣一來，不論是古爾多，或潘達比爾，還是羅斯柴爾德也都會破產的。」

「可是，托您的福，不知有多少人因為您的幫助而脫離苦海，衷心地感激你的！」有人這樣對他說。

每當聽到這些話，阿佛烈都會無奈地搖搖頭苦笑。

不過，他嘴上雖然這樣說，但一旦有人向他求助，阿佛烈總是不忍心拒絕。有時援助金額意外地增多，以致自己常常身無分文，這種情形經常發生。但是，他還是不厭其煩地幫助這些人，他說：

「每當我寫一封拒絕的信時，我的心裡都覺得很難過。我有多得用不完的錢，可是這些錢對我來說並沒什麼用處。而這些請求我幫助的可憐人，他們卻生活在水深火熱之中，不得不在貧困和疾患中掙扎。上天讓我功成名就，那麼，幫助他們難道不是上天賦予我的一項職責嗎？何況，別人因為得到我的幫助而脫離困境，這也令我感到無比的快樂。」

因此，對待每一封信，阿佛烈都十分認真，總是坐下來不厭其煩地研究這一封封來信，設身處地地站在對方的位置考慮他們的困難，然後根據困難程度的大小來提供相應的資金援助。大多數情況下，阿佛烈寄出去的錢都比對方所要求的多得多。

有時候，阿佛烈還會收到一些年輕人雄心勃勃的創業計劃，這讓他感到由衷地高興。這些年輕人懷著對世界、對人類的美好情感，懷著滿腔的抱負想要開創一番事業，造福人類，而且還有了切實可行的計劃，可是卻由於資金等等原因，讓他們的計劃被迫擱淺，甚至夭折，實在是可惜！

阿佛烈既為他們慷慨激昂、富有激情的言詞感到振奮和欣慰，又為他們的不幸感到惋惜。他寫信鼓勵這些年輕人，並且會毫不吝惜地捐助一大筆資金。

對於各種慈善團體和機構，阿佛烈也同樣是無私援助，毫不吝嗇。

可是，阿佛烈的善心卻不一定完全換來善果，因為這些求助的人當中有一些是騙子，他們想要利用阿佛烈的好心腸來騙取一些好處。於是，他們就編造各種理由和謊言，並不知廉恥地獅子大開口，從阿佛烈那裡騙來錢後，就將這些錢用在享樂和縱慾之上。

沒有比這種欺騙更能讓這位心懷慈善的老人感到憤怒的了，但是，他依然沒有改變自己樂善好施的品行。

（二）解決困境的想法

阿佛烈是巴黎的瑞典教會中的一位慷慨大方的捐助人。一八八九年的一天，他收到了一封瑞典教會牧師寄來的信。在這份信裡，牧師詳細地敘述一個教友陷入窘境的情形。

阿佛烈看完信後，立即就寫了一封回信：

在以前，我常常會因為類似的問題受到欺騙。他們都懷著某種個人的目的，毫不知恥地向我撒謊。可是，當我聽到正直而認真工作的人瀕臨絕境時，我絕對會毫不猶豫地給予幫助。你說解決這個人的問題，有六百法郎就足夠了，但是，做了不夠充分的援助還不如不做，所以，我決定匯上一千法郎，但願這些錢能夠幫助他解決困境。

阿佛烈對許多人的幫助還不僅僅限於金錢上，有時還會給予一些忠告，有時則以友誼來支援對方。

有一天下午，阿佛烈乘車來到巴黎的一條大街的拐彎處停了下來。下車後，他步行走了一段距離，來到一家藥鋪門前，摘下他的禮帽，向裡面張望著。

不一會兒，就從藥鋪裡走出一名少女來。

「咦，這不是諾貝爾先生嗎?」少女驚訝地看到了阿佛烈，阿佛烈正微笑地望著她。

兩人很快就興高采烈地聊了起來。

原來，這是一位曾被阿佛烈援助過的瑞典少女。幾個月前，少女在異鄉喪父，她的家人當中，除了她之外，就沒有其他可以工作養家的人了。因此，為了照顧母親和年幼的弟弟，少女努力的在外面做工賺錢，以貼補家用。

可是，她的鄰居對她和她的家人都不太友好，也不願意給予她們一些幫助。

阿佛烈在聽到這個消息後，就向少女伸出了援助之手，接濟了一點錢給她，解決了她一時的困難，同時還介紹她到這家藥店中來做店員。

（二）解決困境的想法

阿佛烈的善舉深深地感動了少女。感激之餘，少女給阿佛烈寫了一封信：

諾貝爾先生，謝謝您的關照。托您的福，我已經能夠安心地生活了，請您不必再掛心。如果有機會到列里維街道來，請一定光臨敝店坐坐。如果能這樣，我將高興至極。

讀到這封信，阿佛烈被少女的感激之情所打動，心想：

這個可憐的孩子，多麼需要人間的溫暖啊。

於是，他打算親自到列里維街去看看。

阿佛烈很能夠體諒別人的心情，到了大街的拐角處，他就讓馬車停下，然後步行到藥店裡，假裝散步時順便來到這裡。他擔心坐馬車直接開到藥店門口，會讓少女知道他是特意來看望她的，反而會令她感到不安。

臨走時，阿佛烈慈祥地對少女說：

「看到你能夠在這裡快樂地工作，我就放心了。不過，你要注意健康。以後有機會，我會再來看你的。」

第十七章　一名慈善的富翁

次日，阿佛烈又收到了少女寄來的一封信：

我一直都以為沒有機會可以見到您。對您昨天的突然來訪，我萬分意外。因為太高興了，一直想向您說的話反而一個字都說不出來。

雖然我只是個普通的女孩子，但是，如果有我能夠幫到您的地方，請您告訴我，我願意為您做任何事。

現在，這個世界上除了您、我的母親和我的弟弟馬克之外，再也沒有值得我關切的人了。

此後，阿佛烈大概又去看望少女幾次，因為在另一封信中，她寫到：

「多謝您友好地來看望我，我想，再沒有人煩擾我了！」

無疑，這樣的信是十分感人的。

（三）金錢觀

一八八九年，阿佛烈的母親卡羅琳娜與世長辭了。在悲痛之餘，阿佛烈把母親的遺產中歸他的那部分做了安排：

「我在斯德哥爾摩講過，我只想保留母親的畫像以及一些她所喜愛的、尤其能讓我聯想到她的小物品。另外，對於遺產當中屬於我的那部分，我保留處置權。我想從中拿出一部分，建立一座既美觀大方，又不會太顯眼的紀念碑；並且希望將另一部分遺產用來建立一個以母親的名字命名的慈善基金會，基金可望達到十萬克朗。」

但是，經過一番考慮，阿佛烈還是打消了建立紀念碑的想法，而是將遺產中歸自己繼承的約為二十八萬克朗的大部分都捐給了瑞典社會和各種慈善機構。

此外，他還將這筆遺產中的一部分分給了其他的一些親戚。最終，他手中僅僅剩下母親遺產中的二點四萬克朗。

然而，這筆數額不小的款項在阿佛烈這裡根本不算什麼，這筆錢後來都被他贈與了一些有困難、需要幫助的人們。

阿佛烈不但對外面有困難的人積極給予幫助，對自己工廠的工人更是十分關照。他從不隨意解僱工人，對工人的生活也關愛有加。

奧地利諾貝爾工廠的員工後代們說，在十九世紀七八十年代時，該廠的工資與勞動條件相當優越，很多年輕人為了能夠在諾貝爾的工廠工作，都將自己的名字登記在招工的候補名冊上，依次序等候招工。

而且，工廠當時還實行這樣的一種制度：

凡是在工廠裡工作了一定期限後，每個月都可以領到大約三十奧幣左右的獎金。

當時，報紙就曾經以一種驚奇的口吻報導說：

「這些公司裡具有免費治療的工廠醫生和免費供藥製度，並且有著事實上的一整套社會福利。之所以採取這樣的措施，其目的就是為了防止諾貝爾公司的工人在退休之後，出現死在廠房裡或大街上的現象。」

作為一個僱主，阿佛烈能夠真正尊重工人的自由和價值。

早在一八八七年，阿佛烈就對未來有預見性地寫到：

（三）金錢觀

「當某一天世界真的變得文明時，那些尚且不能工作的兒童和那些不能繼續工作的老人，將毫無疑問地享受一種普遍的國家補助金。這自然是十分公平的，而且實現這一計劃，肯定會比人們想的容易得多。」

這些就是阿佛烈的思想和觀點。

「只顧自己而不顧別人的人，就像無法接觸陽光的寶石一樣。」

這是阿佛烈的一句座右銘。

無論在任何地方開辦公司和工廠，阿佛烈都十分關心員工的利益。有一次，保守的報紙《工人的朋友》曾邀請阿佛烈幫忙在工人中間推銷這份報紙，向他說：

「煽動者們正在向工人灌輸許多麻痺他們神經的藥物，每一位僱主為了自己的利益，都應該預備解毒劑。」

而阿佛烈則回答說：

「如果規定工人們應該讀什麼報紙，不應該讀什麼報紙，我認為這是毫無理由的；反過來，他們有要求我不得干涉他們自由的權利。」

第十七章　一名慈善的富翁

由於阿佛烈尊重工人的人格，並對工人給予真誠地關心，據說他工廠裡的工人從沒有發生過罷工事件。

對於自己的主要助手，阿佛烈也是關心備至。一八九一年，阿佛烈被迫移居義大利時，他在法國聘請的助手費魯巴赫不想同他一道去義大利，於是，阿佛烈就發給費魯巴赫高額的退休金，讓他就地退休。

此後，在一八九三年，阿佛烈又聘請了瑞典青年工程師索爾曼來義大利擔任他的助手。阿佛烈認為索爾曼很稱職，於是就在他的聖雷莫別墅附近為索爾曼買了一棟別墅。

雖然對別人如此慷慨大方，可對於自己，阿佛烈卻很「小氣」。他不抽菸，不喝酒，不賭博，當然更沒有任何的揮霍之舉。

對於那些借錢或者真正需要錢的人來說，阿佛烈大多數情況下都會表現出慷慨與理解；然而，作為一個習慣於數字的商人，他對那些懶惰的人則感到十分惱火。當遇到這種情況時，這位慈善的富翁就會訓斥他們說：

「我也曾經有過形勢不利的時候，甚至在金錢方面也是這樣。但無論遭遇任何困難，我從來沒有一天出現過超支的情況。這讓我有理由來要求別人也能像我們自己一樣，始終遵守這條規矩。」

在斯德哥爾摩，有一個處境很好，但卻顯然經常利用阿佛烈的恩惠而經常拖欠還帳的貸款者，接到了下面這封寄自巴黎的信：

由於你再次忘記了我的那項小小要求，而這項小要求在我看來已經拖延得夠久的了。因此，我只好冒昧地透過大使館或者瑞典慈善機構將其收回，以便交給那些沒有錢的同胞使用。

果然，從帳本上看出的這項「小小要求」為一萬克朗，最後真的被用於照顧生活在巴黎的瑞典藝術家們了。

第十七章　一名慈善的富翁

第十八章 葉落歸根回故土

知足是唯一真正的財富。

——諾貝爾

第十八章　葉落歸根回故土

（一）落葉歸根

阿佛烈的晚年主要是在義大利的小鎮聖莫雷度過的，並且一直到去世。由於在法國期間，因為「無煙火藥」案件遭遇了不公平的對待，阿佛烈便離開了那個讓他傷心不已的國家，遷居到了義大利的聖莫雷。

聖莫雷是個坐落在地中海邊的小鄉村，空氣清新，氣候宜人。但可惜的是，在義大利阿佛烈也沒能獲得充分的休息，仍然有許多工作上的問題需要他來解決，他每天不得不像個陀螺一樣不停轉動，沒完沒了地從一個國家到另一個國家。

每到一個國家定居下來，阿佛烈都要考慮實驗室的安置問題。同樣，他在聖莫雷也建立了一個研究實驗室，並特意從德國訂購了一批新的實驗儀器和機械設備。

在這所實驗室當中，阿佛烈依然每天努力地工作著，對炸藥的發明工作也依然繼續，並且他在炸藥領域的最有一項發明——「改進型無煙火藥」，即為了適應某些特殊情況而進一步改進的混合無煙火藥，就是在聖莫雷實驗室研究出來的。

然而隨著年齡的增長，孤獨感也日益加重，這也很容易勾起對故土的思念。從青

(一) 落葉歸根

年時代開始，阿佛烈就習慣了居無定所、四海為家的生活，先後在瑞典、俄國、英國、法國和義大利等國家居住。到了晚年，阿佛烈再也不想這樣四處奔波漂泊了，他很想找個地方永遠地停歇下來。

自從移居到聖莫雷之後，阿佛烈就開始陷入一種難以名狀的失落和孤獨當中。這裡遠離倫敦、巴黎、漢堡，因此實驗室中所需的化學製品和設備等採購起來十分不便。此外，工人也不容易找，當地人對他在自建的長鐵橋上試制火箭發射時發出的噪音也頗為不滿。可以說，在聖莫雷，阿佛烈並不是一個受歡迎的人。

「也許瑞典是個不錯的選擇。」阿佛烈想。

瑞典是阿佛烈的出生之地，他最摯愛的家人也先後被埋葬在那裡。每次阿佛烈回到瑞典，都會勾起他對親人和童年的美好回憶。

正是出於這種強烈的故土之戀，經過思考後，阿佛烈很想落葉歸根，回到故鄉瑞典去。

從一八九三年開始，阿佛烈就一直在考慮重回故土的事情。但如果要他回去什麼都不干，只呆在家裡養老，忙碌慣了的他又覺得很難受。雖然此時的阿佛烈身體和精神都大不如前，但他還是不願意過無所事事的日子。

恰好在這時，瑞典有個很好的機會等著阿佛烈回去發展。阿佛烈聽說，在瑞典韋姆蘭省的伯福爾斯鋼鐵廠準備出售，他覺得這是個不容錯過的好機會。

於是，阿佛烈就親自回瑞典考察了一番。結果發現，這家工廠的設備很陳舊，技術也落後。不過，阿佛烈喜歡具有挑戰性的工作，所以他很痛快地就買下了這家大公司的大多數股份。

有事情可做了，阿佛烈就不擔心回瑞典後閒得發慌了。為了將這家新買下的公司發展起來，阿佛烈投資將這家工廠完完全全地整修了一番，還購進了許多先進的設備。同時，他還委託助手索爾曼聘請一大批優秀的瑞典工程師到公司工作。

後來的伯福爾斯公司之所以能夠在二十世紀初期成為瑞典一家擁有萬餘名職工的大型企業，相當程度上都應該歸功於阿佛烈生前為這家公司所奠定的資金基礎和技術基礎。

阿佛烈就住在伯福爾斯工廠附近的一所貴族莊園當中。一八九五年，阿佛烈又在這裡建造了各處住所都有的實驗室。這所實驗室比聖莫雷的實驗室還要大得多，在這兒進行試驗幾乎與在工廠裡進行生產的規模一樣。

把實驗室都佈置好後，阿佛烈也暗暗告訴自己：不要再折騰了，自己已經不再年輕了，身體也十分不好，此時應該安定下來，過一點安穩的日子了。他希望這是自己的最後一次搬家，因為他再也不想過以前那種到處奔波的日子了。

由於瑞典的冬季十分寒冷，考慮到健康因素，醫生建議阿佛烈冬天回義大利，在氣候適宜的聖莫雷居住，然後在夏秋季節再回到瑞典來。

雖然十分不想再奔波勞碌，但阿佛烈最後還是接受了醫生的建議。而且，聖莫雷那美麗的景色和宜人的氣候，對他來說的確有著無窮的吸引力。因此，阿佛烈還保留著那裡的實驗室和住所，每逢瑞典的嚴冬到來時，他就回到陽光和煦的聖莫雷，在碧藍的海邊居住一段時日。

（二）反思

在一八九四年至一八九六年期間，阿佛烈儘管身體狀況欠佳，但依然以自己的設想為基礎進行著各種各樣的試驗，這也表明他比他的時代先走了五十年。如今，這些試驗都已經流入到那條永恆的河流裡去了。

作為一名軍火製造商，經常四海為家的阿佛烈．諾貝爾長期處境微妙；而現在，他完全可以站在瑞典人的立場上，將他的思想放在國防之上。正如他的父親伊曼紐當年那樣，發展了他的「保衛自己親愛的祖國免受強敵侵犯的方法」。

阿佛烈自己也曾經寫到：

「假如說有一種工業部門應該完全不依賴國外供應的話，那麼，很明顯它就是國防部門；由於在瑞典有著彈藥工廠，如果不使它們保持發展，那將是既可惜又荒唐的。……我們是為了生活而接受定貨的，但我們的目的是去創造，而不是沿著祖先們的腳印走路。」

在阿佛烈所經營和負責的一切事務裡，他所要求的是最好的勞動、原料和產品。在伯福爾斯的情況也是如此。從工廠建築，到機器和生產方法，都被他完全擴大和現代化了，產量也由於採用新的方法而增加。

然而，隨著二哥路德維希和母親的相繼去世，阿佛烈自己也痛苦地體會到了身體

（二）反思

老化、衰弱的過程。他的身體狀況一天不如一天，做實驗時也越來越強烈地感到力不從心。以前，他常常可以在實驗室中一整夜地工作而依然神采奕奕，而現在還沒站上一兩個鐘頭就已經累得腰酸腿疼了。

阿佛烈在給自己的助手索爾曼的信裡曾經寫過：

「我從不借用的兩件東西就是金錢和方案。」

毫無疑問，這兩種東西對他來說都是綽綽有餘的。然而，讓這位發明家越來越感到致命般痛苦的，是時間、睡眠、健康和平靜的不足。由於一直缺乏休息，現在他的身體要來找他算帳了。

對於阿佛烈來說，發現身體的變化已經是一件令人十分沮喪的事了，而更讓他驚慌失措的是，死亡的烏雲也逐漸籠罩到他的頭上了，那天，阿佛烈感到有些疲乏，早早就上床休息了。像往常一樣，他一直到深夜了還毫無睡意。這幾年，他已經習慣這樣了，也就任其自然，不去理會，然後閉著眼睛靜靜地想著心事。

忽然，他感到渾身難受極了。阿佛烈很想起來走動一下，可身體卻好像被牢牢捆在床上一樣，連一根手指都無法動彈。

第十八章　葉落歸根回故土

難道是心絞痛又發作了嗎？

阿佛烈緊張極了，他什麼都做不了，唯一能做的就是拚命地忍著疼痛與恐懼，在黑暗中靜靜地等待……

「難道，我的末日到了？那麼，現在是不是就是我生命的最後幾個小時？也許明天僕人打開門，就會發現一具僵硬的、醜陋的屍體躺在這張床上，他們會不會嚇得大叫？」

阿佛烈感到一種從未有過的絕望。

然而幾個小時後，身體的疼痛感漸漸消失了，阿佛烈也開始能夠慢慢地動彈了。他感到自己像是從鬼門關逃脫回來一樣，說不出的恐懼，又有說不出的慶幸。

他掙扎著做起來，用手摸了摸自己的衣服，身上的衣服已經全部被汗水浸透了。

這種死亡的威脅固然可怕，而更讓阿佛烈無法忍受的，是無處不在的寂寞與孤獨。這種壞情緒經常困擾著他，讓他不時地變得莫名地失落起來。這時，他就會將自己一個人關在屋子裡，一個人絕望地、靜靜地沉浸在一種無邊無際的思索之中。

（二）反思

所幸的是，阿佛烈最終還是挨過了這段艱難的時光。隨著時間的流逝，他也越來越清醒地意識到自己的時間不多了。理解了這一點，反而讓他有種如釋重負的感覺，他也感到一種從未有過的坦然與放鬆，頭腦也變得清醒起來。

此時的阿佛烈，又重新回到了文學的天地，重新吟詠起雪萊、拜倫等人的不朽詩篇。雖然他是一位發明家、實業家，可這位營造了一個龐大的實業王國的企業家似乎並不那麼務實，他對玄虛的哲學很有興趣。

在一八九三年時，當瑞典的烏普薩拉大學授予阿佛烈名譽博士的學位時，他激動萬分。後來在給友人的信中，他是這樣寫的：

……自從大學評論會授予我哲學博士學位後，我幾乎成了一個名符其實的哲學家，而且開始覺得『實用』這個詞不過是個虛幻而已。

在阿佛烈功成名就之後，他幾乎每時每刻都在夢想著從中解脫出來，甚至已經為自己定好了一個詳細的行動計劃，比如，他要將自己炸藥和企業方面的所有權都賣掉，擺脫一切事務的干擾，然後一心一意地投身於科學。

願望是美好的，然而這個計劃卻一直都沒能實現，它始終只能是阿佛烈自己一廂情願的事。在親手營造的這個遍佈世界的實業網絡後，阿佛烈也被這張大網緊緊地裹住了。他一次次想要擺脫實業家的身分，結果也一次次失敗。

晚年的阿佛烈常常陷入這樣的沉思：

「這就是我的一生嗎？我這一輩子究竟都做了什麼？」

「當我死去後，人們是否會理解我所做的一切？在我餘下的光陰當中，我還能再做些什麼事情來彌補這一切呢？」

(三) 好友

一八九六年，阿佛烈在他一生中的最後一年仍然在瑞典、法國和義大利之間奔波著。這一年，他的心情似乎很好，因為近兩年的幾件事都辦得令他很開心。

然而這年的八月，他的大哥羅伯特因為心臟病不幸離世，給阿佛烈造成了巨大的打擊。他在趕回瑞典參加完羅伯特的葬禮之後，便順道去巴黎治病，並在巴黎住了數月。

（三）好友

在逝世前的兩個月，阿佛烈在巴黎給朋友寫的信中說：

你知道我來巴黎是為了請一位著名的心臟病專家治病，他和我的醫生都說我的大動脈已經進一步惡化，不能再像以前那樣苦幹了。但這並不意味著我每天閒著不做事，只是要盡可能地避免緊張疲勞的旅行。

第二天，他又在給助手索爾曼的信中說：

因為心臟病我需要在巴黎要住上幾天，一直要等到醫生們商議出最好的治療方法。他們開的處方是內服硝化甘油，這就好像是命運在與我開玩笑。他們為了避免嚇壞藥劑師和公眾，管它叫特寧可酊。

在前一年，即一八九五年二月時，斯德哥爾摩的一位專利局某部門的主任，也是一位發明家，在瑞典科學院做了一次報告，提出了一個乘坐飛船到北極探險的計劃。以往也曾有許多探險者葬身於冰天雪地之中，沒有一個人達到他們的目的——提供有關北極圈的科學數據，填補地圖上的空白。

這個發明家名叫薩拉蒙·奧古斯特·安德烈。在青年時期，他就已經越過大西洋，到達美國費城，學習了當時有關航空學的全部知識。

他還製造過一些氣球，在上面裝上牽引繩、導向繩和風帆等，使之成為可以操縱的飛船。他的飛行試驗在美國和歐洲都引起了巨大的轟動。

科學院的成員聽了他的計劃，但對這項計劃的可行性仍然持懷疑態度。不過，安德烈的計劃卻引起的阿佛烈·諾貝爾的興趣。他在專利局結識了安德烈後，就與他討論各種各樣的科學問題。儘管在一些問題上他們都持有不同的看法，但阿佛烈很信任這位瑞典人。

安德烈經過一番周密的考察，將其中可能會遇到的困難都一一考慮進去，然後挑選了三位優秀的學者和技師作為同伴。他需要十二萬瑞典克朗來裝備和發射飛船、配置考察設備，阿佛烈很高興地給予了支援。他認為：

「敢於向不可能的事情挑戰，敢於大膽夢想，安德烈是個了不起的人物！」

與安德烈一樣，阿佛烈也是個喜歡挑戰的人，喜歡粉碎一個個障礙時所帶來的快感。他們在未知的領域前都不會裹足不前，而是充滿了強烈的好奇心，喜歡興致勃勃地去鑽研探索。

阿佛烈與安德烈惺惺相惜，他還懇切地勸誡安德烈說：

（三）好友

「過去的幾百年當中，有許多像你這樣的勇士踏上了前往北極的旅途，可是到目前為之，這些前僕後繼的先行者沒有一個人能夠走到他們的目的地，不少人在半途中就倒在了冰天雪地裡，連屍骨都找不到了。安德烈，去北極探險沒有大智慧是不行的，這不僅需要非凡的勇氣，還需要細緻周密的頭腦，千萬馬虎不得。」

事後，阿佛烈和安德烈一直保持著友好而密切的聯繫，共同解決考察中遇到的各種問題。對這次北極考察的情況誰也不瞭解，乘坐飛船到北極的方式也沒有人嘗試過，但兩個人都喜歡解決難題，種種未知的因素激發了他們的熱情。

人們看到阿佛烈這位年邁多病的老人依然滿腔熱情地幫助安德烈的事業，都很驚訝。在他們看來，這位嚴肅認真的實業家，現在居然熱衷於一些荒謬而不切實際的設想，簡直令人疑惑不解。

然而，這項前所未有的冒險計劃卻給阿佛烈帶來了心理上的變化，他開始計劃自己的身後事，考慮死後如何處置自己的遺產問題。在這項事業當中，阿佛烈也確信自己找到了造福人類的最佳途徑。起初，他漫無目的地接濟一部分人，後來才發現，他幫助的人當中有很大一部分是奸詐狡猾的騙子。這件事也讓他認識到，只有

第十八章　葉落歸根回故土

透過一定的組織形式，才能最有效地幫助那些真正需要幫助的人。

第十九章　讓世界矚目的遺囑

在我們這個被稱為銀河系的小小的宇宙漩渦中，大約運行著一百億顆太陽。太陽倘若知道了整個銀河系有多大，它也肯定會因為自己的渺小而感到羞愧不已。

——諾貝爾

（一）設立遺囑

阿佛烈一直關注著安德烈的北極考察隊的一舉一動，盡自己最大的努力促使這項行動付諸實施。

而人們也都在以持續的熱情饒有趣味地從報紙上閱讀著這位英雄的一舉一動，津津樂道於這次富有意義的探險活動。

一八九六年，安德烈為出發做好了一切準備，就等著選好天氣出發了。阿佛烈也在熱切地期望著這次飛行。

然而遺憾的是，由於當年的氣候不佳，考察活動不得不被推遲到了第二年。聽到這個消息後，阿佛烈非常失望，他怕自己再也等不到安德烈起飛了。

最終阿佛烈也沒有看到這次考察活動成功。而且在第二年，安德烈與其他兩位立志征服北極的同伴在探險的征途中也不幸遇難。

三十三年後，一支探險隊在白島上找到了安德烈探險隊的遺跡。這位堅強不屈的戰士雖然犧牲了，但他卻將自己的探險日記保存得完好無損，上面以嚴謹科學的態度記載了他凍死之前所發生的一切情況。

在資助安德烈進行這次探險的過程中，阿佛烈也深受啟發，他的遺囑設想也逐漸趨於成熟。

在生命的最後幾年，阿佛烈曾立下過三份內容非常相似的遺囑。第一份立於一八八九年，第二份立於一八九三年，第三份則立於一八九五年。由於有了第三份遺囑，此前所立的兩份遺囑便因此而作廢。

由於在巴黎承受不白之冤，「死後」還要飽受指責，阿佛烈很難過。經過慎重考慮，他認為自己應該向世人表白自己的心跡，讓人們瞭解自己的內心世界。

於是在一八八九年，五十六歲的阿佛烈給一位斯德哥爾摩的朋友寫信說：

> 請您費心幫我找一個瑞典律師，為我起草一份合適的遺囑。我已經兩鬢斑白，筋疲力盡，必須擺脫塵世的煩惱。我早就該準備了，只是我一直在忙於其他的事務。

當時，阿佛烈只想要一個遺囑的樣本，然後在擬定格式後再起草具體的條款。然而，律師不久之後就給他寄來了遺囑的草稿，並且還提出了自己的建議，但是他的措辭過於空洞，並不適用。本來阿佛烈經過多次訴訟案件的教訓後，對律師已經很不信任了，現在更是讓他對他們失去了信心。於是，他決定自己擬定。

第一份遺囑內容比較簡單，而且也沒有完全擬定完，內容主要是強調將自己的一筆基金分配給斯德哥爾摩大學。

到一八九三年時，阿佛烈已經不再急於要向世人表明自己的心跡了，他開始理智地思考自己的身後之事。

但是，阿佛烈是一名樂善好施的大富翁，但他幾乎花費了一輩子的時間才意識到，這樣漫無目的地接濟別人並不是最好的行善方式，因為有些最需要幫助的人可能依然處於痛苦的煎熬當中，而一些得到幫助的往往是狡猾、貪得無厭的人。

因此就在這一年，阿佛烈起草了第二份遺囑。在這份遺囑當中，他表示要用自己的財產獎勵那些科學領域的先驅。而且，他還沒有忘記自己的和平理想，特別為成績卓著的和平戰士設立了一筆獎金。

這份遺囑沒有指出確定的款數，只提出了將全部財產的百分之二十分給個人，包括他的朋友和親屬，共有二十二人之多。

此外，他還將全部財產的百分之十七分給了一些社會團體和教育學術研究機構，

（一）設立遺囑

比如：維也納奧地利和平朋友協會、斯德哥爾摩大學、巴黎的瑞典俱樂部、斯德哥爾摩醫院等。

他還撥出一部分款項為卡羅琳娜醫學研究會建立了一項基金，遵照管理部門的決定，每三年將基金所得的利息獎給生理學或醫學領域內最重要和最新的發現與發明。

對於財產的剩餘部分，遺囑中寫到：

「餘下的財產將全部贈予斯德哥爾摩科學院，以建立基金，每年由科學院將利息獎給在知識和進步的諸多領域（除醫學和生理學）中最重要和最新的發現或其他成就。」

阿佛烈還特別強調：

「我希望能夠按照我的遺囑考慮將獎項頒發給最應獲得的人，受獎者不分國籍，不管是瑞典人還是外國人，是男人還是女人。」

同時，遺囑還寫到：

「我想用一筆巨大款項擴建城市的火葬場，希望斯德哥爾摩卡羅琳娜研究所願意

承擔這件事，這是與社會健康和福利有關的重要之事，應該熱心完成。」

（二）諾貝爾獎的誕生

以上兩份遺囑，阿佛烈在設立時都曾經過慎重的考慮，然而到了一八九五年，他對自己遺產的處理方式感到不滿。而且，原來的遺囑的確很粗糙，許多細節問題還沒有考慮到。

經過反覆的思考，阿佛烈又產生了一個不太成熟的想法：

「如果這筆遺產僅僅只能對十幾年間的少數幾個傑出人物產生影響的話，那是遠遠不夠的。我多麼希望能夠將我的全部遺產用於為人類謀求福利的事業，這將是一項偉大的『慈善事業』！如果可以的話，我將要用這筆財產設立一個基金會，用基金的利息來獎勵人類的偉大成就，獎勵那些既充滿英雄氣概，又有求知精神的偉大人物，這些人物用無畏的精神探索著那些未知的精神領域。」

之所以產生了這樣的想法，也是阿佛烈從自身的體會中得出的：

（二）諾貝爾獎的誕生

「在我們生活的這個世界上，有多少天賦優秀的科學家因為饑寒交迫，為瞭解決溫飽，為了養活妻兒而不得不放棄那些看似沒有實用價值、其實妙用無窮的基礎理論研究，去從事其他無益的研究來維持生計。我的遺產將會幫助他們渡過難關，鼓勵他們勇往直前，實現自己的理想，從事自己心愛的研究。」

阿佛烈不斷地進行著思考和醞釀，而就在這一年資助安德烈進行探險活動的過程當中，阿佛烈最後的遺囑設想也逐漸形成了。

一八九五年十一月二十七日，阿佛烈在巴黎的馬拉科夫大街寓所當中，親手用瑞典文寫下了長達四頁紙的遺囑。當時沒有一位律師在場，也沒有其他任何人的幫助。這份遺囑寫完後存放在斯德哥爾摩一家銀行裡，於一八九七年公諸於眾。

遺囑的全文如下：

我，簽名者，阿佛烈·伯恩哈德·諾貝爾經過慎重考慮後，特此宣布，以下是我的最後遺囑和關於我去世後可能留下遺產的遺囑：

贈予我的侄子加爾瑪·諾貝爾和路德維希·諾貝爾（即我哥哥羅伯特·諾貝爾的兩個兒子）每人二十萬瑞典克朗；

贈予我的侄子伊曼紐．諾貝爾三十萬瑞典克朗，贈給我的侄女米娜．諾貝爾十萬瑞典克朗；

贈予我的哥哥羅伯特．諾貝爾的女兒依佳伯格和蒂拉每人十萬瑞典克朗；現同布蘭德夫人在一起，暫住在巴黎聖弗洛朗坦街十號的奧爾加．貝特格小姐，將獲得十萬萬法國法郎；

特此給予索菲．卡派．馮卡皮瓦夫人（據悉她的地址是，維也納的英-奧銀行）六千佛洛林的年金享受權，由英-奧銀行支付給她。為此，我以匈牙利國家債券的形式寄存在該銀行十五萬佛洛林；

阿拉里克．利德伯克先生（現住斯德哥爾摩斯圖勒街二十六號）將得到 十萬瑞典克朗；

埃莉斯．安特小姐（現住巴黎呂貝克街三十二號）可得到年金兩千五百法國法郎。此外，她擁有的四萬八千法郎現在由我保管著，應予歸還；

美國得克薩斯州沃特福德的艾爾弗雷德．哈蒙德先生將得到一萬美元；

柏林波茨坦街五十一號的埃米．溫克爾曼和瑪麗．溫克爾曼兩位小姐，每人將得到五萬馬克；

法國尼姆市維亞迪大道二號乙的高契夫人，將得到十萬法郎；

我在聖雷莫實驗室的僱員，奧古斯特．奧斯瓦爾德和他的妻子阿夫斯．圖南德，每人將得到年金一千法郎；

我以前的僱員約瑟夫．古拉多特（住要索恩河畔沙隆斯市聖勞倫特寓所五號）可得到年金五百法郎；

我以前的園林工、現在與德蘇特夫人住在一起的瓊．萊科夫（法國埃庫昂省西南部的奧布里縣梅尼鎮庫拉利斯特稅務所）將得到年金三百法郎；

喬治斯．費魯巴赫先生（現住巴黎貢比涅街二號）自一八九六年一月一日至一八九九年一月一日，可得年養老金五千法郎，到期中止；

我哥哥的孩子：加爾瑪、路德維希、依佳伯格和蒂拉，每人有兩萬克朗的資產由我保管著，應當歸還給他們。

我所剩下的全部可轉變為現金的遺產，將以下述方法予以處理：

第十九章　讓世界矚目的遺囑

這份資產由我的遺囑執行人進行安全可靠的投資，並將所得的資本設置一項基金，其利息以獎金的形式，每年分發給那些在前一年裡曾為人類作出過傑出貢獻的人。

上述利息將被平分為五份，其分配辦法如下：

一份獎給在物理學領域內作出最重要發現或發明的人；

一份獎給在化學方面作出最重要發現或改進的人；

一份獎給在生理學或醫學領域內作出最重要發現的人；

一份獎給在文學方面創作出具有理想主義傾向的最傑出作品的人；

一份獎給為促進國家團結友好、為廢除或裁減常備軍，以及為和平會議的組織與宣傳作出最大努力或貢獻的人。

物理學獎和化學獎將由斯德哥爾摩的瑞典科學院頒發；生理學或醫學獎由設在斯德哥爾摩的卡羅琳娜醫學院頒發；文學獎由設在斯德哥爾摩的文學院頒發；和平獎由挪威議會選出的五人委員會確定。

（二）諾貝爾獎的誕生

我明確希望，在頒發這些獎項時，對於受獎候選人的國籍不應該予以考慮，不管他是否為斯堪地那維亞人，只要他當之無愧，就應該受獎。我鄭重聲明，這是個迫切的願望。

我特此委任居住在韋姆蘭省波福什的拉格納．索爾曼先生，和居住在斯德哥爾摩市馬爾姆斯基街三十一號，有時也居住在烏德瓦拉附近本茨福什的魯道夫．里爾雅克斯特先生，為我的遺囑執行人，請他們依據遺囑進行安排。為了補償他們為此所付出的心血，我撥給拉格納．索爾曼先生（他可能要把大部分時間用於此事）十萬克朗，撥給魯道夫．里爾雅克斯特先生五萬克朗。

現在，我的資產當中，一部分是巴黎和聖雷莫的房地產，一部分是寄存在下述地點的債券，即：

格拉斯哥和倫敦的蘇格蘭聯合銀行，里昂信貸銀行，法國國立貼現銀行，巴黎的阿爾芬．梅辛公司；大西洋銀行以及巴黎的證券經紀人M.V. 彼得；柏林的貼現公司管理處和約瑟夫金首飾公司；俄羅斯中央銀行，聖彼得堡的伊曼紐．諾貝爾先生；哥德堡和斯德哥爾摩的斯堪地那維亞信貸銀行，巴黎馬拉科夫大街五十九號我的保險箱內。

此外，就是一些應收帳、專利權、專利費或所謂的使用費，等等，我的遺囑執行人將會在我的報紙和書籍當中找到相關的全部訊息。

這份遺囑，是迄今唯一的一份有效的遺囑，與此同時，取消我之前所作的全部遺囑安排，以防萬一在我去世後，存在任何一份這樣的遺囑。

最後，我明確請求，在我死後，請醫生切開我的靜脈，這將可以確診導致我死亡的病症，然後將我的遺體置於所謂的焚屍爐內焚化。

巴黎，一八九五年十一月二十七日

阿佛烈．伯恩哈德．諾貝爾

十二月初，阿佛烈來到巴黎的瑞典俱樂部，在這份遺囑上鄭重地簽下了自己的名字，當時在場的還有四名瑞典證人。

正是阿佛烈的這份偉大的遺囑，才產生了後來聞名世界的「諾貝爾獎」。

（三）孤獨離世

阿佛烈的健康狀況每況愈下。但在他生命的最後一段時間裡，他依然喜歡坐在書桌前奮筆疾書，或者閱讀自己喜歡的書籍。

一八九六年八月，哥哥羅伯特的去世讓阿佛烈難過了許久。如今，只有他一個人還孤孤單單地留著這個世界上了，他不由得感嘆世事的無常。

進入十二月，阿佛烈的病情又加重了，並且還出現了嚴重的語言障礙，有些話連貼身伺候他的僕人都聽不懂。

十二月七日，阿佛烈能夠起床進行簡單的活動。於是，他就給助手索爾曼寫了一封信，信中說：

……遺憾的是，我目前的健康狀況十分不好，就連寫這封信都感到吃力了。但只要我能康復，我就能從事我們所關心的工作了。

這封信還沒等寄出去，幾個小時後，阿佛烈就出現了腦溢血的先兆。

第十九章　讓世界矚目的遺囑

當僕人們發現他時，阿佛烈正跌坐在書桌旁，白髮蒼蒼的頭顱緊貼在桌角旁邊。驚慌失措的僕人連連呼喚他，可他都沒有反應。

僕人們將阿佛烈抬到臥室的大床上，然後飛快地請來了醫生。經過診斷，醫生認為阿佛烈患的是腦溢血，並建議他必須臥床休息，否則病情會更加嚴重。

此時的阿佛烈還能夠聽清醫生的話，但自己卻發不出聲了。他的表情告訴人們，他感到十分不安。

最後，阿佛烈艱難地嚅動嘴唇，才終於發出一絲絲微弱的聲音。僕人們連忙將耳朵湊過去，想聽清他最後的遺言，然而聽到的卻是一連串的詞彙。

這讓這些來自法國的僕人不知所措，而醫生告訴他們，阿佛烈說的是瑞典語。僕人們感到十分疑惑：

「諾貝爾先生會說五種語言，為什麼這時偏偏要說我們聽不懂的瑞典語呢？」

在場的人沒有一個能夠聽懂瑞典話語的，因此，阿佛烈在臨終之前究竟說了什麼，也成了一個永遠的謎。

（三）孤獨離世

一八九六年十二月十日凌晨二時，經過醫生搶救無效後，阿佛烈．諾貝爾走完了他轟轟烈烈的一生，悄然離去，終年六十三歲。

當時，阿佛烈的身邊只有醫生和幾個僕人，連一個親人和朋友也沒有。

後來，拉格納．索爾曼說過這樣的話：

「阿佛烈．諾貝爾的最後幾個小時是非常悲慘的。在信裡，他曾多次提到的不祥預言終於成為事實。在他臨死前的幾天，『周圍只有僱傭的僕人，卻沒有任何一個親人；這種親人有一天會用他那輕輕的手將我的眼睛闔上，並且會小聲地說上幾句溫柔真誠的安慰話』。」

可以說，阿佛烈在死前遭到了嚴重不安的打擊，並且不能站起來。他部分地失去了說話的能力，除了他兒時的語言外，他什麼都記不住了。在臨終前，他的主要女僕奧古斯特說，諾貝爾先生說了許多僕人們都聽不懂的話，他們只聽懂了「電報」這個詞，並且馬上通知了他的兩個侄兒伊曼紐和加爾瑪．諾貝爾，以及索爾曼。

遺憾的是，他們都沒有來得及在阿佛烈臨終前趕到那裡。他正像他生前自己所預言的那樣，孤獨地越過了人境。

第十九章　讓世界矚目的遺囑

這位曾經在現代科學方面留下了很多痕跡的最卓越的人，就這樣多多少少在不受注意的情況下結束了他偉大的一生。

但是，由於阿佛烈是一個沒有直系繼承人的大富豪，而且他用最不尋常的方式起草了遺囑，因此，另外一場奮鬥，也就是為了千百萬人的奮鬥，很快就要開始了。

第二十章 諾貝爾獎的設立

我的理想，就是為人類過上更幸福的生活而發揮自己的作用。

——諾貝爾

（一）最後一次旅行

阿佛烈逝世的第二天，三位身著黑衣、臉色凝重的先生匆匆趕到了聖莫雷的住宅。他們是阿佛烈的兩個侄子加爾瑪．諾貝爾、伊曼紐．諾貝爾（路德維希為了紀念父親，將兒子的名字也取名為伊曼紐）和阿佛烈的助手索爾曼。

當看到床上阿佛烈瘦削的身體和蒼白的面容時，三個人不禁失聲痛哭起來。最後，還是索爾曼最先擦乾眼淚，提醒他們，諾貝爾先生剛剛去世，有很多事需要他們去處理呢。

遵照阿佛烈．諾貝爾的遺囑，他的遺體先交由醫院解剖靜脈血管，以便幫助醫生查明死因。

第一次的葬禮是在聖莫雷別墅舉行的，由教皇駐巴黎公使館的一位青年牧師在他靈前致悼。

悼詞中有這樣一段話：

（一）最後一次旅行

他所受的孤獨與磨難是他的命運，是天賜的結果。在眾生眼裡，他是一位富有而顯赫的人，而也有人將他看成一位平常的人。現在，他已經逝去了，讓我們不要永存這種錯誤，因為我們不能把他們的所有和成就帶入墳墓。

我們必須拋開這些塵世的幸福。我們可以正確看待這位逝去的人，雖然他很富有，有親友的情愛，但他也是貧苦的。他孤獨地生活、孤獨地死去，沒有家庭的喜悅，沒有妻兒的安慰，這是他的選擇或命運。

他的天性是不為名利所動，不為孤獨所苦，他一直到生命的結束，仍然是熱心的、仁愛的。他的生命是高貴的。

後來，伊曼紐想到阿佛烈生前曾經說過，他希望自己死後可以安葬在斯德哥爾摩的家庭墓地當中，與母親和弟弟埃米爾團聚。

「這是叔叔的心願。他一生漂泊，讓我們為他安排最後一次旅行吧。」加爾瑪建議。

於是，加爾瑪和伊曼紐在聖莫雷為阿佛烈舉行了一個簡短莊重的儀式，便啟程離開聖莫雷，護送著叔叔的遺體回到斯德哥爾摩。

在斯德哥爾摩古樸莊嚴的教堂當中，諾貝爾家族為這位傑出的家庭成員舉行了一個隆重而肅穆的葬禮。隨後，遵照阿佛烈生前的願望，他的骨灰被安放在母親卡羅琳娜的遺骸旁邊。

(二) 公布遺囑

一八九七年初，銀行將阿佛烈．諾貝爾的遺囑送到了他的親戚手中，遺囑的內容令諾貝爾家族內部所有的人都大吃一驚。

阿佛烈一生沒有結婚，更沒有子嗣，那麼羅伯特和路德維希的幾個子女就成為他財產的合法繼承人。按照常理，阿佛烈去世後，這些親屬每個人都將得到一大筆巨額財產。

然而，當阿佛烈的遺囑一揭曉，他們就都傻眼了。

作為叔叔的阿佛烈幾乎什麼都沒有留給他們，而將財產全部送給了外人。而且更糟糕的是，遺囑一旦執行，路德維希的子女們就將遭受巨大的損失，因為阿佛烈

（二）公布遺囑

在巴庫油田企業的股份將全部兌換為現金，而他的大宗股票在巴庫油田發揮決定性的作用。如果不親自買下這一大筆的股票，諾貝爾家族將失去對這個龐大企業的控制權。

這一點讓大家非常意外，自然也是堅決反對，他們堅決認為這份遺囑是不合法的，並激烈地提出申訴，阻撓遺囑的執行。

遺囑經瑞典新聞界公諸於眾後，在瑞典乃至全世界都引起了軒然大波，人們對此議論紛紛。有人讚譽，稱讚阿佛烈的精神和品格；也有人詆毀，罵他這是賺了軍火錢之後的良心發現。

這些主要來自瑞典社會輿論的批評和譴責，讓這份遺囑的執行情況不容樂觀。

當時，瑞典社會輿論批評和譴責阿佛烈的理由之一，就是他沒有將自己的巨額財產全部捐給瑞典，而是捐給了全世界；而且，阿佛烈將和平獎的頒獎權利授予了挪威議會，這也傷害了瑞典人民的自尊心。因為此時的挪威剛剛從瑞典王國獨立出去，正準備廢黜國王，建立議會政治。

另外，阿佛烈還在遺囑中指出，斯堪地那維亞人在獲獎方面不具備任何優先權，這更令瑞典人感到惱火。

而遺囑中指定的執行機構——瑞典科學院和卡羅琳娜醫學院也對是否接受這一任務猶豫不決。因為這兩所學院只是兩所地方性機構，裡面的成員也只是一些國內的知名學者。而阿佛烈居然宣稱要由他們給全世界的優秀人物頒獎，這怎麼能讓人不感到棘手呢？

在遺囑中，阿佛烈明確指定由瑞典土木工程師拉格納·索爾曼和魯道夫·列克維斯特作為執行人。

由於索爾曼被第一個被指名，而且對這份遺囑有著更直接的瞭解，因此他在落實這份遺囑方面也顯得更為積極。索爾曼說過，由於自己和另外一位執行人對法律事務都不熟悉，故指定當時在斯堪地那維亞上訴法院當陪審推事的卡爾·林哈根作為瑞典的法律顧問。

索爾曼的這一決定，對最後實現阿佛烈·諾貝爾遺囑的基本思想是非常至關重要的。林哈根採取了氣量宏大的態度來處理這份遺囑所引起的諸多法律問題，而不僅僅侷限於形式；他對貫徹執行遺囑人的思想很感興趣，並且積極與瑞典科學院等與

（二）公布遺囑

這份遺囑有關的瑞典國家當局進行巧妙接觸和合作，因為他們是被指定為獎金頒發機構的。

事實上，林哈根已經成為經管這份財產的共同執行人。而執行遺囑的主要推動者，則是拉格納·索爾曼。因此，儘管這份遺囑引起了諸多方面的爭議和不滿，但最終還是得以和平解決。

而在諾貝爾家族的內部，這份遺囑對每個人也是一次嚴峻的考驗。最終，路德維希的長子伊曼紐站了出來，表示堅決執行叔叔的遺囑。他勸說自己的兄弟姐妹們說：

「我們應該嚴格執行叔叔的意願，這是對他的尊重。而且，這份遺囑如果得以執行，將使無數民眾受益。比起他們，我們的利益實在是顯得微不足道。」

最終，在全世界善良人們的關注之下，各種反對遺囑的聲音迫於壓力，漸漸地偃旗息鼓了。各方也終於達成協議，諾貝爾的遺囑得到了執行。

（三）諾貝爾基金會

一八九八年五月，瑞典國王代表王國政府，以國家和人民的名義宣布了阿佛烈·諾貝爾的遺囑生效。

由於還有許多遺留的問題需要解決，因此兩年後一切事情才辦妥。一九零零年，「諾貝爾基金會」正式宣告成立。與此同時，基金會的章程和細則，以及由瑞典各個機構授予獎金的特別規則，也都一一被確立下來。

遺囑執行人於一九零零年十二月三十一日結束了對諾貝爾基金的管理，將阿佛烈的遺產全部轉換為現金之後，全部交付給「諾貝爾基金會」。

令人欣慰的是，擔當遺囑執行者的幾個機構也充分顯示了阿佛烈的不凡眼光，以嚴謹科學的態度執行了遺囑所規定的任務，完全沒有辜負阿佛烈和世界人民的期望。

阿佛烈的助手拉格納·索爾曼後來在他關於諾貝爾遺囑的那本書中，用下面幾句話作為結束語：

「這場長期的鬥爭就此宣告結束。由於過去幾年的經驗，所取得的結果應該被認

（三）諾貝爾基金會

為是令人滿意的。對於我們的這個國家來說，頒發諾貝爾獎是一項特權，而諾貝爾基金會作為一個整體，則是一項有著巨大價值的財產。從各方面來看，那些關於在執行阿佛烈．諾貝爾委託給我們的責任時必將遇到巨大冒險和困難的悲觀預言，都是完全沒有根據的。相反，它將有助於促進世界對瑞典、挪威和斯堪地那維亞文化的更深瞭解和尊重。」

作為對阿佛烈．諾貝爾這位偉大人物的緬懷，「諾貝爾獎」的頒獎日期被確定為每年的十二月十日，也就是阿佛烈逝世的紀念日。

一九零一年，諾貝爾基金會的各項工作已經全部準備就緒。這是一個新世紀的開始，距離阿佛烈去世恰好五週年。這一年的十二月十日，在斯德哥爾摩音樂廳中，舉行了第一次諾貝爾獎頒獎儀式。有六位在各個領域作出了傑出貢獻的人物，在這次輝煌的典禮上接受了諾貝爾獎金。

此後，諾貝爾獎的威望日漸增高，甚至成為全球人類所渴望獲得的最高殊榮，一大批傑出的人物也相繼獲得了諾貝爾獎，這一獎項也成為他們一生為自己熱愛的事業所奮鬥的動力和成就的證明。在獲得這一獎項的人物當中，包括居禮夫人、愛因斯坦、蕭伯納、羅曼·羅蘭以及海明威等世界著名人物。

而諾貝爾和平獎更是備受世人矚目。一九零五年，諾貝爾和平獎頒給了阿佛烈·諾貝爾的摯友貝爾塔·蘇特納。此後，獲得諾貝爾和平獎的人物還包括美國第二十六屆總統羅斯福、美國國務卿季辛吉等政界要人。

作為一個國際性的大獎，諾貝爾獎的意義遠遠不止金錢那麼簡單，它所代表的更是一種最為崇高的榮譽，並且能夠讓自己的成就獲得最為廣泛的承認。

時至今日，諾貝爾獎依然是世界各國人們所期望獲得的最高榮譽。同時，人們也都會為自己的同胞獲得諾貝爾獎感到無比的驕傲與自豪。

就像阿佛烈·諾貝爾最初所期望的那樣，諾貝爾獎的頒發已經成為全世界人民所矚目的盛事，它引起了廣大民眾的深切關注。與此同時，他們的目光也聚焦在這些偉大傑出的人物身上，並從這些人物的身上汲取到無窮的精神力量。

(三) 諾貝爾基金會

電子書購買

國家圖書館出版品預行編目資料

非關毀滅：阿佛烈 . 諾貝爾 , 發明炸藥的和平主義者 / 艾仲廷著 . -- 第一版 . -- 臺北市：崧燁文化事業有限公司 , 2022.02

面； 公分

POD 版

ISBN 978-626-332-006-2(平裝)

1.CST: 諾貝爾 (Nobel, Alfred Bernhard, 1833-1896) 2.CST: 傳記

784.758 110021612

非關毀滅：阿佛烈・諾貝爾，發明炸藥的和平主義者

臉書

作　　者：艾仲廷
發 行 人：黃振庭
出 版 者：崧燁文化事業有限公司
發 行 者：崧燁文化事業有限公司
E-mail：sonbookservice@gmail.com
粉 絲 頁：https://www.facebook.com/sonbookss/
網　　址：https://sonbook.net/
地　　址：台北市中正區重慶南路一段六十一號八樓 815 室
Rm. 815, 8F., No.61, Sec. 1, Chongqing S. Rd., Zhongzheng Dist., Taipei City 100, Taiwan
電　　話：(02)2370-3310　　傳　　真：(02) 2388-1990
印　　刷：京峯彩色印刷有限公司（京峰數位）

定　　價：360 元
發行日期：2022 年 02 月第一版
◎本書以 POD 印製